JN173075

ライシャワーの名言に学ぶ
異文化理解

Reischauer's Famous Sayings & Cross-cultural Understanding

編著 御手洗昭治・著 小笠原はるの

ゆまに書房

『ライシャワーの名言に学ぶ異文化理解』

Reischauer's Famous Sayings
& Cross-cultural Understanding

御手洗昭治編著・小笠原はるの著
Shoji Mitarai (Edit.) & Haruno Ogasawara

プロローグ
～日米・異文化間の架け橋エドウィン・O・ライシャワー～

エドウィン・O・ライシャワーについて、改めて紹介する必要はないかもしれないが、平成生まれの読者の方々のために説明を加えておこう。

ライシャワーは1910年、宣教師の子として東京の明治学院校内で生まれた。アメリカ人でありながら、幼い頃から日本と日本文化に慣れ親しんできたライシャワーは、日本語も流暢で、幼少のころの想い出を自伝 *My Life Between Japan and America* で回想している。東京築地のチンチン電車の音色、「トーフ、トーフ」と呼んで歩く行商人の声、道を行く雑踏のゲタの音は、ライシャワーにとって故郷(ふるさと)の響きだったという。父親のオーガスト・ライシャワーは、ライシャワーの妹の耳が不自由であったため、妻ヘレンと共に東京・町田に聾唖学校の施設を作っただけでなく東京女子大の開校にも貢献した。戦死した兄ロバートも日本研究で知られ、家族そろっての日本通であった。

1927年に日本を離れたライシャワーは、日本研究プログラムを利用してリベラル・アーツ・カレッジとして有名なオハイオ州のオバリン大学に学び、卒業後はハーバード大学の大学院に進んだ。1933年には博士号取得のため、ハーバードの奨学生としてパリのソルボンヌ大学に留学し、同じく留学中だったエリノア・アドリエン・ダントンと知り合い婚約した。1935年に日本に戻り、東京の女学校で英語を教えていたアドリエンと結婚。その後京都と北京に移り住み、留学中に博士論文を完成させる。その後ハーバード大学大学院に戻り博士号を取得、同大学で教鞭を取った。そんな中、1955年、妻アドリエンが心臓病のため帰らぬ人となった。

心を痛めたライシャワーは、一年の休職を取り、3人の子供たちを連れて日本を訪問、自らが幼少時代を過ごした家に落ち着いた。同時に、ハーバード大学の東アジア研究の拠点、燕京（イエンチェン）研究所のプロジェクトに参加し、燕京研究所スカラー・プログラム設立のため日本各地と香港、台湾、韓国などの大学を訪問する。この時に知り合ったのが、松方ハルだった。ハルは日本の近代化の基礎をつくった元老松方正義の孫である。ライシャワーは1956年にハルと再婚する。そして1961年、駐日米国大使に着任した。

ライシャワーについて特筆すべきことは、歴代の駐日米国大使の中で彼ほど慕われ、好感をもたれた大使はいないということだ。それはハル夫人が日本人ということだけではなく、アメリカにおける日本研究とアジア研究においての第一人者であること、親日派でかつ知日派の学者として広く知られていることからも明らかだろう。

ライシャワーの際立った業績は、後半で詳述するが、1961年にケネディ大統領が彼を駐日米国大使に任命したことで始まる、いわゆる「ケネディ・ライシャワー路線」によるところが大きい。安保闘争の時代を経たグローバル化の中で、日本も国際的な役割を模索し始めている頃だった。とりわけ肝要だった日米関係においては、ライシャワーの提唱した「対話による交渉」が相互理解を深めた。ライシャワーは、死の直前まで「日本はもっと世界の人たちと知り合って、理解を深めてほしい。大国としての役割も自覚してほしい」と願っていた。米国きっての日本通として知られ、戦後の日米間とアジア太平洋の国際関係に大きな影響を与えたライシャワー。そのライシャワーが日本における最後の公式講演の際に語った言葉がある。

今、世界はある意味では、1つになりつつあります。我々は話し合いを通じて合意を形成する巧みな交渉力を身につけなければなりません。(1989年9月20日　京王プラザホテル札幌における講演にて　エドウィン・O・ライシャワー（元

駐日米国大使、ハーバード大学名誉教授))

The world has at least really become one, and we have to have great skill at negotiating with each other in this kind of world.
(Edwin O. Reischauer—Former American Ambassador to Japan 1961-1966 & Professor Emeritus at Harvard University)

これは未来の時代を予測した名言であり、交渉を通して各国の理解が深まるという構図を描いたものである。しかし、彼の死後四半世紀を経た世界は、日中韓の果てしないいがみ合い、中東のイスラム国と過激派集団組織問題、ウクライナ問題等に見られるが如く、この姿とかけ離れている。それだけに、ライシャワーの名言は、現状を振り返るきっかけともなるだろう。

現代は不安定で生きづらい時代である。混迷し出口の見えない状況に落ち込んだ今だからこそ、20 世紀が生んだ偉大な歴史学者であり異文化間のネゴシエーター、かつミディエーター(架け橋)であったライシャワーの、日本と国際社会のあり方に関する名言を取り上げる。ライシャワーには共著を除いても十冊以上の著作があり、これに論文や講演を加えると、本書で扱う対象は膨大なものである。これらの言葉に触れることで、交渉やコミュニケーションの突破口が見えてくるのではないか。戦後 70 年を迎えた今、同氏の足跡と功績を追いながら、これからの世界の読み方、国際社会と日本のあり方を探求してみたい。

なお、原則として4行以上になるライシャワーの英語の原文は、読者が参照しやすいよう、巻末に一覧表として付記した。

目　次

第Ⅰ章　ライシャワーの人物像

1. ライシャワーの言葉

ライシャワーの言葉を知るには、彼が残した英語の文献・公文書・講演資料や語録をひもといてみる必要がある。それを分析すると次の特徴があることが発見できる。

⑴格調は高いが、親しみやすく読みやすいこと。⑵端正で、時には快いアイロニーやユーモア、ウィットを含んでいること。ライシャワーは諺を多用した。

諺とは多くの人々の知恵であり、一人の人間のウィットである。

A proverb is the wisdom of many, the wit of one.

ユーモアやウィットは人々の心を武装解除する。テーブルを挟んで利害問題を協議する緊迫した対外交渉の場において、的をついたタイムリーなジョークは、張りつめた雰囲気を和らげ、対抗心や敵対心をもった相手に振り上げたコブシを下ろさせ、相手を骨抜きにするという。また、優れたジョークには真実が隠れていると言われる。ライシャワーの格調高く、平易達意な英文に関して、名著『ザ・ジャパニーズ』を訳した元同時通訳者の國弘正雄はこう述べている。

本書の翻訳は必ずしも気楽とはいえなかった。アメリカ本国でベストセラーとなった英文の原書が日本においても普及し、大学その他でかっこうなテキストとして読まれることを知るにおいては、私の気分はいっそう悴(やつ)れるのである。ましてやライシャワー教授の英文は達意をもって知られ、現代的名文とすら評される。(E・O・ライシャワー著、國弘正雄訳『ザ・ジャパニーズ』p. 433)

愛弟子でライシャワーと共著を手掛けたハーバード大学の歴史学者アルバート・M・クレイグは、以下のように述べている。

ライシャワーは言葉の達人であり、情熱あふれる教師であり、また講義もダイナミックで刺激に満ちていた。

Reischauer was a language expert. He was an inspiring

teacher, and his lectures were also dynamic and inspiring.

また、ライシャワーの教え子の一人でもあるジョン・C・ペリー（タフツ大学教授）も次のように言う。

ライシャワーの情熱、言葉の明晰さ、込みいった考えを分かりやすく、人を引きつけるように表現する能力は非常に優れていた。精確な表現を心がけていた。

His (Reischauer's) enthusiasm, his articulateness, his ability to express complex ideas in a simple and engaging fashion was marvelous. He paid attention to precise expression. (John C. Perry, in *Edwin O. Reischauer*, p. 90)

ライシャワーの発言や行動を多面的でユニークであると指摘する人は多いが、それらは一体何に基づいているのであろうか。ここで簡単に考察してみよう。

第一に、ライシャワーの持つ学者・研究者としての素質、第二には、国際政治に強い関心と関わりをもつ駐日大使、すなわち外交官としての体験、第三に、明治学院大学の宣教師で日本の宗教学の研究者でもあった父を持ち、日本に生まれ育ったというユニークな異文化体験に基づく、日本に対する関心と思い入れの深さが挙げられる。中でも、ライシャワーの思想や世界観の核に影響を与えた要素は次のように要約できるだろう。

彼が生まれ育った大正デモクラシー時代に形づくられた日本観と、日本滞在期間とオバリン大学時代に培われた異文化に対するリベラルな理解や解釈が基礎となり、アメリカの大学に進学した際、当時のアメリカでは日本に対する理解があまりにも不足していることにショックを覚え、アメリカにおける日本研究、アジア研究の必要性について異文化理解の視点で考えるようになった。1930 年代にはハーバード大学大学院に在籍しながら、日本史や日本事情の本格的な研究のため、日本研究のメッカと言われたフランスに奨学金を得て留学し、西欧で日本研究の第一人者であったセルゲイ・エリセーエフ教授との出会いがあった。次いで、中国、日本にも留学し、その後再度来日して、以前とは異なった日本の社会、文化、政治、風俗習慣を再発見した。こうした中で会得した、異文化に対する相対的な見方などが、後のライシャワーの日米関係に対する姿勢や考え方にも影響を及ぼすことになった。特に、第一次大戦後の「大正デモクラシー」の考え方に直接触れた経験は、ライシャワーの日本観の原点を形成するものである。

1）シェイクスピアの影響

ライシャワーは、幼い頃からウィリアム・シェイクスピアの作品を愛読する文学少年だった。著書 *My Life Between Japan and America* の中でも、「我が家の書棚には『少年読者館』というイギリスの叢書があり、対象年齢別に分けられていた。〈中略〉両親の蔵書の中にシェイクスピア全集があり、一作ごとに小さな赤革の本になっていて、私は13歳でそれを隅から隅まで読んでいた」と幼い頃からシェイクスピアの作品に精通していたことを垣間見せる。

この世界はすべて、これ一つ舞台、人間は男女を問わず、すべてこれ役者にすぎぬ。

All the world's a stage, And all the men and women merely players.（*As You Like It*, II. vii, pp.139-140）

ライシャワーは、自著 *The Meaning of Internationalization* の中で国際化のコンセプトを紹介するにあたって、シェイクスピアの作品から得た知識に照らし合わせ次のような言葉を残している。

国際化をめぐる喧騒もシェイクスピアの『空騒ぎ』にすぎな

いと感じている人が多い。

Many people feel that all this fuss about internationalism is what Shakespeare called. “Much ado about nothing”

ライシャワーによれば、シェイクスピアは寸言の天才であり、その言葉は現代でも通用するという。例えば、作品『お気に召すまま』からは、「時の歩みは人それぞれ違うもの」“Time travels in diverse paces with diverse persons.”や「ああ、何というご時世だ。立派な美徳がそれを持っている人にとって毒となることもある」“O, what a world is this, when what is comely. Envenoms him that bears it.”といった台詞を挙げる。また、『ロミオとジュリエット』の中には、「逆境の時の甘美のミルク（慰め）である哲学（語り）」“Adversity's sweet milk, philosophy.”、つまり「心は天国をつくり、また地獄もつくる」という言葉がある。ライシャワーは、特に好きな名句としてシェイクスピアの「終わり良ければ、すべてよし」“All is well that ends well.”を挙げている。これに似た名句に「仕上げが肝心」“The end crowns the work.”もある。ライシャワーはシェイクスピア作品の登場人物の心理描写や行動パターン等の分析を通して、人間関係や国際関係の複雑さ、社会心理等についてのパラダイムを学び、同時に問題の処理法、加えて国際協調のあり方などを模索していたのかもしれない。

2) グレート・スピーチメーカー

われわれが公的な場所において人前でスピーチや講演などを行う際には、準備と練習が必要である。用意周到型のスピーチメーカーとは、「ツー・ウェー通行」のスピーチを念頭におき、いかにして相手方（聴衆）を説得するかという方法論を備えたコミュニケーターのことである。

断っておくがギリシャ哲学や弁証術の伝統を受け継ぐ欧米の人びとの中にも、人前で行うスピーチには原稿が必要なスピーカーもいれば、原稿がない方が楽に、自由闊達なスピーチや講演ができるという人も存在する。後者の人々を観察すると、特徴として浮かび上がってくることは、スピーチのメニューや内容、それに時間の流れなどが、多くの場合スピーチを始める前から頭の中にインプットされているということだ。

ライシャワーは、ハーバード大学の教授の中でも卓越したスピーチメーカー、また講演者として知られていた。教授時代に、数行のアウトラインしか記載されていないメモ用紙にさっと目を通しただけで、一時間にも及ぶ講演を何の抵抗もなく、流暢な語り口で行ったという。ジョークを織り交ぜ、ユーモアに満ちた内容は、分かりやすいことで有名であった。これについて、アルバート・クレイグ教授は次のように評している。

ライシャワー先生は、雄弁に満ちたスピーカーであり、しかも原稿を見なくても立て板に水のごとく、弁舌さわやかにスピーチや講演をした。一言でいえば「グレート・スピーチメーカー」であった。
Professor Reischauer was an eloquent orator and a great speech maker. He can make a speech freely even without looking at a manuscript.

加えてライシャワーは、言葉を駆使し、巧みに聴衆の心に訴える「実演型スタイル」のスピーチメーカーでもあった。その特徴は、自分の過去の体験を1つの実例として活用する「実演」によって聴衆を魅了することである。ライシャワーが駐日米国大使時代、特別補佐官を務めたジョージ・パッカードもこのように述べている。

ライシャワーは分かりやすく話すコツを熟知しており、生まれながらのコミュニケーターであった。
Reischauer was a born communicator with a knack for speaking simply.

ライシャワーのハーバード大学時代の講義用資料ノート

以下、ライシャワーの言葉を掲げる。

外国であれ日本国内であれ、他の国々の人々に自分の考えを伝えるためには外国語を学ばねばなりません。コミュニケーションの成功を期するためには、単にある言葉を別の言葉に置き換えるだけでなく、もう一歩進んで他国の人々の考え方を知り、それにあった応対をすることが重要です。[1]

かくて、コミュニケーションの関係は、あらゆるレベルにおいて確立されることが必要です。同時にわれわれは、真に有益なコミュニケーションを行うためには、レベルのいかんに係わりなく、相互関係を築くことを目指さなければなりません。[2]

現在の歴史的関係にあっては、西欧からアジアに向けてコミュニケーションをとろうと働きかける方が、逆の場合よりは多いはずです。この点について、われわれアメリカ人は、ついこの間まで西欧に対して、現在アジアがわれわれとの関係におかれているのと同様な立場にあっただけに、真に謙虚な態度で接するべきでしょう。[3]

しかし、それと同様にアジアから西欧へ向けてコミュニケーションをとろうと働きかけられるようにすることが今まで以上に必要です。[4]

コミュニケーションを成功させるには、相当な努力が必要です。コミュニケーションには3つの側面があることを知るべきです。まず大切な事は、相手から学ぶという姿勢が必要です。相手を知り理解すること。そうすれば、相手もあなたの事を理解してくれるでしょう。異文化コミュニケーションを促進するには次の３つの方法があります。１つめは、海外旅行を通してです。しかし、異文化の表面しか知ることができないかもしれません。ただ単に海外旅行をしただけでは「国際人」にはなれないでしょう。しないよりはましですが、あまり重要とは言えません。２つめに大切なことは、教育を通じて国際理解を深めることです。特に大学をはじめとした学校教育を通して、いかにすれば異文化の人との意思疎通ができるのかを学ぶべきでしょう。[5]

日本は、先進国、開発途上国のいずれの側からも、圧倒的な経済大国だと認識されていますが、日本のやり方については十分に理解されておらず、いいたいことがわかりにくく、控えめなため、本音でつき合いにくい国だと思われています。[6]

今の日本にとっての問題は、世界の他の人たちといかにしてよきコミュニケーションや協力をはかるかということです。国際情勢が不安定になれば、日本の存在や存続も危ないことになります。[7]

3) ユーモア

文化によって多少の違いがあってもユーモアはコミュニケーションの潤滑油として使われる。ユーモアは、人を笑わすジョークだけではない。諺、名句、自己の体験談などを使用し、相手方の注意を引くように語ればよいのである。

1981年3月、アメリカのレーガン大統領が首都ワシントンのホテルの前で狙撃されるという事件が起こり世界を震撼させた。その事件でレーガン大統領がナンシー夫人に最初に発した言葉は、何と「よけそこなったよ」であった。アメリカ国民は、このジョークを聞いて胸をなでおろした。というのも、プレッシャーのかかる状況下で実力を発揮する際にはユーモアが重要であると、大統領が知っていたからである。コミュニケーションの達人と言われる人は、ユーモアが身体とスピリッツに及ぼすパワーを熟知しており、それをストレス解消法として駆使している。

ライシャワーによれば、日本人は気の合った人同士でユーモアを発揮するが、英語圏の人々は公的な場でも、その場の雰囲気を和らげるためによくユーモアを活用するという。ライシャワーはクリスチャン総理として知られる大平正芳首相と話す機会が多かったようであるが、大平首相は、どちらかと言えば、多くを語らない総理大臣であったという。ところが、捕鯨問題について討議する国際会議において、大平首相は鯨の漁獲に対する批判的質問に対してユーモアでかわしたそうだ。その質問とは「日本は、いつになったら鯨の乱獲をやめるのか？」であった。大平首相は他の出席者の前で、すかさず「実のところ、私にとって鯨はあまりにも大きすぎて、どうすることもできない問題です」"The whale is too big a creature for me to handle!" と返したため、会場は大爆笑になったという。参加者達は、大平首相にユーモアのあるチャーミングな首相というイメージを持ったと伝えられる。政治家にとってユーモアを生み出す能力と感覚を発揮することは大事だと言えるだろう（Super English Language High School 北海道札幌国際情報高校における『グレート・コミュニケーターの実践英語』御手洗昭治／講演資料、2014年9月16日）。

1964年3月24日、ライシャワーの寿命を縮めることになる刺傷事件が起こった。来日中だった韓国の金鐘泌との昼食会に出席するため、大使公邸を出ようとライシャワーがドアを通り抜けようとした矢先、小柄で茶色の薄汚れたレインコートを着た男が出刃包丁を手に突進してきた。包丁はライシャワーの右太ももに入り、先端が折れた。19歳の少年であった犯人はその場で取り押さえられたが、傷は10センチにも達していた。血まみれになったライシャワーは、虎の門病院に運ばれ手術されることとなった。この事件は重大ニュースとして日本国内は勿論、世界中で取り上げられた。日本中から大使への見舞いのカードや花、贈り物が殺到した。また天皇・皇后両陛下からもお見舞いの品が届き、池田首相や大平外相も病院に駆けつけた。池田首相は、日本初のテルスターによる対米衛星中継テレビ放送で、アメリカの視聴者に向かってお詫びのメッセージを伝えた。多くの日本国民が、この刺傷事件によって日米の関係が悪化するのではないかと懸念した。ところが、ライシャワーは記者会見で日本国民にむかって次のように語った。

今回２度目の輸血で、多くの日本の皆さんの血を輸血してもらい、混血になったような気分です。
After my second round of transfusions, I issued another statement to the effect that I felt all the closer to Japan because I now was of 'mixed blood'.（*My Life Between Japan and America*, p. 265）

ライシャワーのこのユーモアあふれる寛大な言葉に、多くの日本人が救われた気持ちになった。日米関係維持のため、刺傷事件を外交・政治問題として取り上げなかったライシャワー。器の大きな大使というイメージも国民の間に浸透した。しかし、

1964年刺傷事件後の虎の門病院における輸血終了後

当時の輸血によってライシャワーは血清肝炎となり、残りの人生を悩まされることとなった。またその結果、得意としていた水泳もあきらめざるをえなくなる。26年後に亡くなった時、ライシャワーの肝臓は弱りきっていたという。

ケネディ大統領も、様々な逸話を残した人物として知られている。ライシャワーはインタビューの中で次のように話している。

ケネディ大統領は、大統領たるべき人物であった。
John F. Kennedy was a Presidential Timber.

ケネディはユーモア感覚を持ったリーダーだったそうだ。特に彼の遺した数多い機知（ウィット）あふれるせりふは、文書や演説以外のプレゼンテーションの中でも見ることができるという。偉大な政治家やリーダーに必要なことは、いわば重大な局面に立っていてもユーモアを失わないことだ。欧米、ラテンアメリカ、それにアジア太平洋まで含め多くの国々では、人間関係におけるコミュニケーションの潤滑油として、ユーモアが確立した市民権を持っていることを忘れてはならない。もう1つの特徴として、ライシャワーによれば、ケネディはアメリカの歴史上、最も卓越したスピーチメーカーであり、説得家でもあった。ケネディのスピーチはダイナミックでリズムがあり、印象的なフレーズや言い回し、それにスローガンを駆使していた。総括すれば、ケネディは知力に優れており、自分が定めた目標に向かいリーダーシップを発揮し、人々を束ねる実行力を兼ね備えていたと述べている。また不動の気力と冷静さ、勇気を持っていたと指摘する。さらに、ケネディは大統領選挙中には、常にフレッシュな変化を求めるとともに、古めかしい官僚に対し、厳しい見方を示し、国民に対して義務を果たすよう「もっとより良い政府を皆さんと共に築くことができる」“We can do better!”と何度も繰り返しており、この呼びかけにライシャワーは心動かされたという。

2. ライシャワーの顔

1）人間として
――幸福について

ライシャワーの知人、関係者への数多くのインタビューを通して新たに知り得たことの一つが、「ライシャワーは、他人を気遣う人物である」という事だ。例えば、ライシャワーの秘書であったナンシー・デプチューラ、愛弟子のアルバート・クレイグ、友人であった歴史学者であるアール・カールトンはじめ、オランダのライデン大学の日本研究家として知られるフリッツ・フォス等も“Reischauer cared for people.”と述べている。「他人を幸福にする人は真に幸福な人である」“A person is truly happy who makes others happy.”という格言があるが、これはライシャワーの好きな言葉だったという。なお、哲学者のバートランド・ラッセルは言う。

幸福は同じような好みと意見を持った人たちとの交際によって促進される。
Happiness is promoted by associations of persons with similar tastes and similar opinions.

ライシャワーが人生において多くの友人と知人に恵まれていたことは確かであろう。ライシャワーによれば、アルベルト・シュバイツアーも次のように言っていた。

私が確信して言えることは、本当に幸福になれる人とは、人に奉仕する道を探し求め、それを見出せた者である。
One thing I know: the only ones among you who will be really happy are those who will have sought and found how to serve.（An interview with Reischauer on Sept. 20, 1989）。

――思いと考え方について

ライシャワーによれば、人が夢や目標を実現してゆくプロセスは、自分の思いから始まるという。「念ずれば花開く」という東洋的な思想もあるが、ライシャワーはヘレン・ケラーと同様、世界は英雄たちの力強い行動力で動くものではなく、誠実に働く人たちの実践と知恵の集積で動くと信じていた（ライシャワーのインタビューより1989年9月20日）。

異なる文化の人々についての知識や理解を深めるにあたっては、政府よりも一般のひとたちの方がはるかにその方法を知っているように思える。自分の経験から言えることは、一般の人たちのほうが、情報や文化的で知的な分野において、より有益で効果を生む活動を行っている。政府ができないことを彼らは成し遂げられるのだ。[8]

これに関連して、ライシャワーは、ウォルター・リップマンの言葉を紹介する。

すべての人々が同じ考え方をするところでは、誰もあまりものを考えない。批評と信頼しうる優れた報道がなければ、政府は政治を行うことはできない。
Where all think alike, no one thinks very much. Without criticism and reliable and intelligent reporting, the government cannot govern. (Walter Lippmann)

――リーダーシップについて

リーダーは「事がうまく運ばなければ、自分が責任を取る。事がうまくいけば、選手の手柄にする。それがチームを勝利に導く秘訣である」(ポール・ブライアント全米大学フットボール監督、史上最多勝利監督)。

リーダーは、力を合わせて勝利を目指す気持ちが強く、1人の力では大きな目標を達成できないことを知っている。リーダーは、ポジティブな思考によってエネルギーを生産している。イギリスの歴史家であるトーマス・フラー曰く、「人間の真の違いはエネルギーである。強い意志と明確な目標、揺るぎない決意があれば、ほとんどのことが成し遂げられる。それこそが器の大きい人物と器の小さい人物を分ける」。

次にリーダーに必要な資質は、自分の失敗を認め素直に反省することである。自分の行為とは直接関係のない不祥事に対してですら責任を取る。これは、周囲の人を管理する責任があるという高い意識が働くからだ。彼らの意識の深層には、自分の失敗に責任を持たなければならないという信念があるという。

「良心に従って行動すれば、それは成功への道へ通じている。理性が間違いを犯すことはよくあるが、良心が間違いを犯すことはない」(ジョシュ・ビリングス、米国の小説家)。

リーダーは常に高潔さを行動規範にしており、「ノブレス・オブリージュ」の哲学を実践している。不遇の人々を助けねばならないという哲学を持っており、収益の一部は社会のために還元する。

では、ライシャワーはどのようなリーダー論を述べていたのであろうか。まずライシャワーは、アジアのリーダーとしての日本に期待していた。

これからの日本にとっての重要な課題は、地球社会の強力なメンバーになり、平和な世界の秩序の発展にリーダーとして寄与することだ。

In the future, the great problem for Japan is to become a cooperative member of world society, serving as a leader in helping to develop a peaceful world order.（*The Japanese Today*）

また、世界平和を維持するためには、アジア太平洋地域の発展途上国であるベトナム、ミャンマー、インドネシアなどの経済を支援する努力が必要であり、国際経済システムの運営をよりスムーズにするために、経済利益の一部提供も視野に入れるべきだという。加えて、先進国の一員として特にアジア太平洋地域の紛争処理に貢献できるのも、民主主義国家である日本だろうと主張する。

日本に必要なのは、ビジネス、政治、教育その他におけるグローバルな展望と視座そして声望をもつリーダー、すなわち英語を異文化間コミュニケーションの手段として使いこなすことができ、グローバル・リーダーの中で影響力を発揮できるリーダーである。

ケネディ・ライシャワー路線に関するライシャワーの記録資料

What Japan needs is a leader who has global outlook, global views, and stature in business, in politics, in education and in other fields; a leader who can use English as a means of cross-cultural communication, and who is influential among global leaders. (An interview with Reischauer on Sept. 18, 1989)

——人生について

ライシャワーは、人生について以下の言葉を残している。

個人的に言えば、私はよき人生を送った……変化が多く一貫性に欠けていたかもしれないが、私の一生は数少ないテーマに集中した。日本で生まれ育ち、学生時代には世界中を旅行し、3期にわたってハーバード大学で教鞭を取る機会があり、ワシントン、陸軍、最後に大使としての公務、多くの著書や講演活動にも恵まれた。それらは、みんなアメリカと日本、およびその他の東アジア諸国との理解を中心とするものであった。もっと広い目で見れば、私の人生における大部分は、世界の平和と理解に貢献できればという思いに向けられていた。[9]

人生に往復切符があればよいのであるが、現実には往復切符はなく、後戻りはできない。一度しかない人生をどう生きればよいのだろうか。ライシャワーは、哲学者であるゲーテ(Goethe)の言葉をよく引き合いに出した。

人生において重要なことと言えば、大きな目標を持ち、それを達成できる能力と体力をもつことである。
The important thing in life is to have a great aim and possess the aptitude and the perseverance to attain it.(An interview with Reischauer on Sept. 21, 1989)

ちなみに、見方が少し変わるが、20世紀最大の科学者と称され、相対性理論を確立させたアルバート・アインシュタインは次のような言葉を残している。

人生とは自転車のようなものである。前に進むにはバランス感覚を保たなければならない。
Life is riding a bicycle. To keep your balance, you must keep moving.（Albert Einstein）

では、ライシャワーの人生における課題は何だったのであろうか。彼の大使時代の側近であったジョージ・パッカードによれば、それは日本やアジアの現実について自国アメリカの無知をいかにすれば解決できるかであり、その解決のため2通りの方法を考えていたという。

1つめが、これまで以上に日本なら日本、アジアならアジアについてのいちだんと多くの専門家を養成することであり、2つめが本国のアメリカの一般大衆を教育するという考えである。まるで、カンザスの広大な小麦畑からフィリピンの狭い水田へと大きく飛躍するように。……われわれは、疑いぶかいごく一般の人たちがもっと信頼を置けるような、もっと大きな専門家集団を養成し、同時に一般大衆をもっと理解力のある人たちにしなくてはならない。これはたいへん苦労が多く骨の折れる仕事である。[10]

これこそが、ハーバードで手掛けていた生涯の仕事であったとライシャワーは回想している。

――尊厳死について

1990年10月16日、カリフォルニア州の病院で、肝炎の悪化によりライシャワーが予告通り実行した「尊厳死」は、日本国内でも「尊厳死第1号」として報道された。日本では、人工呼吸装置を自らの意志で取り外したり、医師から処方された薬を使用し自らの死期を定めたりする行為は、安楽死に当たるとして認められていない。終末期の患者に致死性の薬を処方したり、死期を早める処置をとったりすれば、自殺ほう助罪や殺人罪に問われることもある。一方、ライシャワーのように、患者の意思を尊重し人工呼吸装置や胃瘻（いろう）による延命措置をしない「尊厳死」は終末医療の現場でも定着しつつある。以下はライシャワーが残した「尊厳死」の意思表明と委任状である。

《医療行為に関する決定のための永続的な委任状（Durable

Power of Attorney For Health Care Decisions)》
私の精神力が著しく低下し、回復の見込みがない時、あるいは、私が大きな苦痛の中にあり、それが軽くなる見込みのない時、私は私の生命を維持するために特別の手段が用いられることを望まない。私の死の際には、火葬にし、灰は適切なやり方で処理されることを希望する。[11]

私の死後には、葬式や供花をとり行い、追悼の儀を行う必要が生じた時には妻や他の家族の負担とならぬ方法でとり行われることが望ましい。(上毛新聞　1990年10月16日)[12]

なお、1990年10月19日ハーバード大学で追悼式が開かれ、ベンジャミン・シュウォーツ、マックジョージ・バンディ、マリウス・ジャンセン、アルバート・クレイグ、ナンシー・デュプチューラ、ジョン・フェアベンクが心温まる弔辞を述べた。[13]

2) 歴史学者として
——歴史について

学者としてのライシャワーの業績は多方面にわたるが、何と言っても東アジア、特に日本の歴史と日米関係についての研究が代表的なものであろう。

ライシャワーがなぜ歴史に関心を持ったのか、また、いつ頃アジア研究に焦点を当て歴史の研究を始めたのか、それについて同僚のフェアバンク教授との対談を紹介したい。

フェアバンク教授：（ライシャワー教授に対して）なぜ日本を研究し、その分野で研究者の道を歩もうとしたのかね？

ライシャワー：まず、自分は大学の学部時代から歴史に興味を持つようになり、大学院に進もうと思いました。当時、東洋学（アジア学）研究はここ（ハーバード大学）が一番進んでいたからです。

I got into the field of history in my undergraduate days, and wanted to go on in graduate studies. When I came here because I felt something had already been started in Chinese and Japanese studies at that time.

日本史は面白いと思いました。まだ、当時は草創期であり、欧米では日本や中国に関心を抱く人たちは存在しませんでした。

My main idea was this is interesting history that nobody has studied. And, who in this country or the western world, knew about Japan and China.

この分野は未開拓だから、やりがいがある世界史の一環として東洋史を研究することにしたのです。それは、世界の一部としてアジアを理解するうえで欠かせないことです。

And, this should be a big part of the study of world history. This is an important way for understanding the East Asian part of the world.

欧米の学界にそういう分野を築くことは、世界の相互理解にもつながると思いました。

Therefore, it would be good to try to develop this and introduce it into the western scholarly world, as a contribution to understanding between different parts of the world.

(Japan Broadcasting Company's program on Reischauer's Biography 1. Nov. 15, 1982)

ところで、ライシャワーの日本に関する初期の著作といえば、*Japan: Past and Present*（『日本――過去と現代』）が挙げられる。この書は日米戦争後の1946年に初版が出版されたが、1970年には大幅に加筆、改稿された第3版 *Japan: The Story of a Nation*（國弘正雄訳『ライシャワーの日本史』文芸春秋）として発表された。

日米関係の歴史書は、1958年に初版、1965年に第2版とし

て発行された *The United States and Japan*（『太平洋の彼岸——日米関係の史的検討』）が挙げられる（第2版のタイトルは（林伸郎訳『ライシャワーの見た日本——日米関係の歴史と展望』徳間書店））。これらについてクレイグ教授は、次のように指摘している。

ライシャワーは東アジアの枠組みの中で日本を理解していた。
Dr. Reischauer understood Japan within the context of East Asia.（クレイグ教授とのインタビューより 1991年9月）

歴史といっても、ライシャワーの歴史研究は、単に事実の展開を追うのみならず、日本の文化価値、特徴や特質について多面的な解釈を試み、日本人の深層心理までも対象化している。また、日米関係についての著作からは、日本と日本人の本質に迫ろうとする態度が強く感じ取れる。もともとは欧米の読者を対象として書き下ろされた入門書にもかかわらず、日本の読者にとっても興味深く、教えられるところが多いのだ。例えば、『ザ・ジャパニーズ・トゥデイ』は多角的で周到なアプローチに基づく著作だが、日本の読者にとって特に興味深く重要な点は、最終章「日本と世界」であろう。この中で、ライシャワーは日本人に島国根性からの脱却をすすめている。「ことば」の

日本と東アジア関係の著書・文献

障害の克服や人種、民族的な隔絶感の除去などを具体的に説きながら、文化には優劣がない事を強調している。これらの記述がライシャワーの優れた点である。歴史学者としての現実認識の確かさと、豊かな理想主義的心情が通底しているのだ。ライシャワーは先述した*Japan: The Story of a Nation*という日本史書も手掛けており、次のように述べている。

歴史書に関しては、いろいろ短い形で世には送り出したが、包括的な日本史を完成する機会を逸した。また、シュペングラー、トインビー、ウィリアム・H・マクニールらを含め、依然として西欧中心の色濃い世界史が読まれている中で、もっとバランスのとれた世界史を執筆する余裕がなかった。[14]

ライシャワーは、次の世代の研究者たちが、新たな世界史の研究にエネルギーを注いでくれる事を切望していたといわれる。

日本の歴史と文化に関する著書を通して、将来の学者達が研究できるための環境づくりと基盤を創った。[15]

――日本の国際化について

ライシャワーによれば、20世紀後半から日本の挙動の一つ一つが、世界で注目され問題にされるようになった。経済的には、様々な分野で存在感を増した。遠く離れた国々との経済関係を保ちながら、日本製品は各国に輸出され、高く評価された。経済大国となった日本と世界の安全保障が結びつき、日本を直視する世界の視線が変化したのである。固有の文化と欧米起源の要素を融合して比類のない成功を収めた日本の姿は、あらゆる現代の国家にとっての手本であるように見えたという。

日本自体の安定した民主制度、円滑に機能している社会制度、そして平和への誓約は、その巨大な経済力と結びついたとき、世界が直面している課題の解決に大きく役立つでしょう。

Its own stable democracy, smoothly operating social system, and commitment to peace, when combined with its tremendous economic power, can do much to help solve the problems the world faces.（*The Japanese Today*, p. 409）

日本人は、自分たちが思う以上に結束している。世界平和のための役割を担い国連のもとで国際的秩序を保持することについては、国内において圧倒的な支持がある。[16]

一方で、ライシャワーは、特に日米でベストセラーとなった名著 *The Japanese* において、日本の国際性について興味深い見解を述べている。

今日のように国際的な交流が活発で、お互い地球規模での不安定な相互依存でなりたっている時代においては、第三者の視点が不可欠である。特に日本のように世界との関係に、その存立を掛けている場合には、外部の目のほうがより重要な見方を提供できるであろう。(p. 4)

アメリカ人にしても他の国の人たちにしても、現在の日本を理解することは喫緊の問題であり、極めて重要であるという。なぜなら、日本は国際社会の有力な一員だからであり、これからは国家、文化、人種などの壁を越えて、相互に理解を深め、互いに協力することがアメリカ人にとっても必要欠くべからざると述べている。

変化は人生における法則であるという格言があるが、国際関係において相互援助は自然の法則である。
There is a saying that goes “Change is the law of life.” In international relations, “Mutual help is the law of nature.”
（An interview with Reischauer, Sept. 19, 1989）

欧米における “international” ということばは、“national” ということばとずっと好対照をなしてきました。自国の利益のみを追求するのではなく、広く国際社会における理解と協力を目指していくことを意味しています。それは国際法や国際的な機構をもとに、国家間の平和や調和を約束するという響きももっています。[17]

しかし、ライシャワーは、多くの日本人たちがこの現実を理解せず、国内に興味を持ち内向きになりつつあると警告している。

にもかかわらず、日本人が今日直面している唯一最大の問題は他の諸国民との関係です。
And yet the greatest simple problem the Japanese face today is their relationship with other peoples.（*The Japanese Today*, p. 410）

今や日本の問題は、世界の諸国との間でいかにしてコミュニケーションや（国際）協力をはかるかにかかっています。
Now they concern successful communication and cooperation with the other people of the world.（*Ibid.*, p. 410）

日本は世界の主要大国の一つとして認められることを望んでいます。しかし、これからは国際舞台の上で、これまで（1970年以前）のようにただ透明人間のように人目につかない状態を続けることは、できなくなるでしょう。
They want to be recognized as being one of the great countries in the world, and you don't do this by just playing the invisible man all the time by low posture in international politics.（*Japan's World Role in the 1970's*）

国際化という言葉を定義するうえで、一つの誤解を訂正する必要があります。
In trying to define "internationalization," we must first dispose of one serious misconception.

多くの日本の人びとは、「国際化」とは日本式の生活様式や文化価値を西欧化することだと考えているのではないでしょうか。私が国際化という場合、それは外見上の生活習慣や様式を変えることではなく、内面における新たな物の考え方を作り上げていくことを意味しています。……勉強のほかに他の国民についての知識や理解を増やしてゆくうえで大切なことの１つと言えば、外の世界との異文化交流をひとつひとつ積み上げてゆくことです。[18]

シェイクスピアになぞらえれば、「世界という舞台（All the world's a stage)」を守るためには、国際化の意味と世界の構造を知る必要があるのだろう。そして、ライシャワーは、この事態のカギを握るのは若い世代であると結論づける。

しかし、日本がより国際的になり、しかもその速度が速まると思えるのは、世代交代によってです。

The chief factor, however, that makes one believe that Japan will become more international, and at an increasingly rapid rate, is the shift in generation. (*The Japanese Today*, p. 411)

日本の多くの若者は、言語学習の目的の１つとして英語を話す外国の人々と知り合うことについては前向きですが、多くの在日朝鮮・韓国人が日本に住んでいるものの、彼らを避ける傾向があります。これは大変間違ったことです。日本の文化が、隣国である中国や韓国の文化の影響を受けて発展してきたことを忘れてはなりません。在日韓国人や中国人が何を考えているのかを学ぶことは、日本だけを中心とする凝り固まった思考から抜け出し、世界の諸問題についてより国際的な視点から見つめ直すのに重要なファースト・ステップと言えるでしょう。[19]

3) 教育者として
――教育について

大学教授としてのライシャワーは、教育の果たす役割と意義に多くの期待をしていた。ここにライシャワーの真骨頂をみることができる。教育こそがまさに現代に残された唯一の希望だというのだ。そして、急激に狭まりつつある世界で、われわれよりも多くの時間を費やさねばならない若い世代の人たちに対し、世界にふさわしい価値観や心構え、意識を持つことの大切さを今から伝えることは、教育の世界に身をおく者の共通の責任であるというのが、彼の持論であった。このことは、ライシャワーがケネディ大統領に日米科学委員会の発足を要請したことからもわかる。彼の提唱がなければ、近年の科学分野における相次ぐ日本人のノーベル賞受賞者は生まれていなかったかもしれない。言い換えれば、ライシャワーの構想と努力によって、日本の若手研究者がアメリカの大学へ研究留学できるようになったのである。当時、1ドルの相場が360円という時代であり、日本からアメリカへの大学留学などは「夢のまた夢」であった。当時の新聞は「『実り多い構想期待』ライシャワー大使あいさつ」と題して氏の言葉を伝えた。

今回の会議は、双方の参加者にとって有益なものとなることを確認し、また日米両国間の科学協力をこれまで以上に実り多いものにするような構想がその結果として生まれるものと期待している。こうした密接な協力から日米両国民、ひいては全人類にとって有益な成果が生まれるものと期待している。また、ケネディ大統領からは「日米両国間で科学協力の効果

戦後の留学奨励金ともいわれた「ガリオア・エロア基金」の受け渡し場面。日米の関係者と共に

的な方法を見出そうという努力は、この大目的を大いに前進しうるものである」というメッセージが届きライシャワーが代読した。(「日米科学委開く／国際協力の手本に」日本経済新聞夕刊 1961 年 12 月 13 日)

ちなみに、戦後日本政府のガリオア基金返済の会議もライシャワーが大使時代に関わっていたものだ。ライシャワーの提案

で返済金の一部は、日米教育文化交流にあてられた。

以下に教育についてのライシャワーのことばを紹介する。

次の世代は、明らかに今の指導者よりももっと世界を知り、また理解し、自らが世界市民であるという意識を強く持たなければならない。[20]

これからは教育に力を入れなければならない。過去の知識や技能をただ伝授するのではなく、これから先に起こりうる諸問題にも目を向けることが必要である。急速に変化する未来に対して若い世代が対応できるよう、正規の教育の構造を意識的に作り変えねばならない段階にきている。[21]

人々が十分な国際理解と世界市民の意識を身につけるようになるには、1世代以上の時間がかかる。教育を受けた者が責任ある力を発揮する市民に育つまでには20年もかかるからだ。そのためには何をおいてもまず教育を改造する必要がある。[22]

これらに加えて、ライシャワーは、外国語教育も教育の重要な一環であるという意見を持っていた。

笑顔で関係者に語りかけるライシャワー

すべての教育は個人の人生を豊かにするという側面を持っている。人より豊かに生きるために外国語を学ぶのである。英語を勉強すれば英文学にじかに触れることができる。これこそが人生を豊かに、そして価値あるものにするのだ（第11回全国公立英語教育連合会で行われた「英語と世界における日本の役割」の講演より）。[23]

近年、教育のグローバル化が叫ばれてはいるが、その対応は期待通りには進んでいない。ライシャワーは若い読者を対象にした著書 *The Meaning of Internationalization* の中で、留学（短期、中期、長期）を勧め、帰国子女、海外子女教育への対応、国際的に門戸が開かれた学校制度の実現、英語教育の改善についての提言をしている。さらにグローバル化が進む中、閉鎖的でナショナリスティックな社会では、個人は生き延びてゆけないことも指摘している。これからの日本の教育にとって大切なことは、これらの事実に気づき他国や異文化との相互依存関係の必要性を認め、「世界の中の日本」という自覚を強めることであるという。

――若者へのメッセージ

著書『ザ・ジャパニーズ』の 'Separateness and Internationalism' の章に、日本の若者のこれからの役割やミッションに対する期待感をにじませた箇所がある。

日本の若い世代は年長者よりも国際的な心構えや精神を備えています。彼らは世界を歩き回り、自分が世界の若者文化を担う一員であると考え、外の世界との相違を抵抗なく受け入れています。[24]

最近の若い世代の人たちは、これまでとは全く違う、新しい人類を思わせるものがある。かれらは古めかしいステレオタイプ（紋切り型の固定観念）を無意識のうちに否定し、中高年層たちが抱いている偏見や恐怖心などは持ち備えていない。〈中略〉彼らは貪欲なまでに身を以って海外の文化を体験しようとしている。他国の人とオープンにつきあうことができる。[25]

日本の若者達が夏休みを利用してアメリカなどにやって来て、言葉のハンディがあるにせよ、違和感や過剰な自意識をみせる事もなく、文化に溶け込んでいる姿を目のあたりにするのは清々しいものである。彼らは国際社会の一員として、同じ関心ごとや問題を分かち合う心の用意ができており、世界のどの国と比較しても、変わった面もなく過剰な自意識は持っていない。[26]

私は、日本の国際化を論ずるにあたり、次の3つの関連するポイントに重点をおいてきました。皆さん方日本の若者は、世界のこと、そして日本のことをもっと知らなければなりません。また日本がどのように相互依存から成り立っている世界の一部であるかを理解し、世界市民という意識をもつことができるよう学んでいかなければなりません。そして、世界の他の諸民族とコミュニケーションができるようになる必要があります。これは大いなる責務です。でも皆さんが、そのために本気で努力すれば、ほとんど自前で達成できることばかりだと私は信じています。皆さんと日本の未来はいかに皆さんがこの課題をやり遂げるかにかかっています。[27]

ちなみに、このメッセージの背景には、大脳生理学者パブロフの次の言葉があるようだ。

科学に専念する我が国の若者に望むことは、1つ目には、順序を追って研究を押し進めること。2つ目には、謙虚であること。3つ目が情熱である。
What I wish to the youth of my country who devote themselves to science. Firstly, gradualness, Secondly, modesty. Thirdly, passion. (Ivan P. Pavlov)

ライシャワーは、日本の若い世代が同世代のアジアや欧米の若者と同等の創造力と自立心と自尊心を持って活躍することを期待していた。

4) 外交官として
——異文化理解というテーマ

ライシャワーは、大使になる以前から、アメリカにとって最も危険で、21 世紀に起こりうる諸問題に取り組む準備を阻んでいるものは、偏狭で自文化中心的な世界観であると主張していた。学校のカリキュラムで西欧文明ばかりをフォーカスし続け、それ以外を無視するならば、大量破壊兵器の拡散をまねき、自分自身（アメリカ）の首を絞めることになると警鐘を鳴らしていた。

ハーバード大学で1930年代にほそぼそと押し進められていた東アジア研究を今日の水準に押し上げたのは、ライシャワーと同僚のフェアバンク（中国研究者）教授である。ライシャワーは、イェール大学の学長就任を辞退してハーバード大学を選んだヘンリー・ロソフスキーと共に抜本的なカリキュラム改革を行い、東アジア研究のカリキュラム導入を推し進めた。ちなみに、ロソフスキーは1963年に経済学で権威あるシュンペーター賞を受賞、東アジアに精通した経済学者であり、ライシャワーとも親しい間柄であった。

「自由」の象徴としてのアメリカ、そのアメリカの象徴であるハーバード、そのハーバードが1973年以降にそれまで行っていた閉鎖的な教育から、より「自由」を尊重する開放的な教育への転向を決めたのである。

ライシャワーは、これからの国際社会では、異文化理解なしに個人も生き延びてゆけないこと、社会や文化に潜む閉鎖性やナショナリズムを自覚し、他民族や異文化との関係改善のためのノウハウを模索しなければならないことを訴え続けた。例えば、後にウエストバージニア州知事、上院議員として活躍するジョンD.ロックフェラーはハーバード大学の2年生の時に父親と交流のあったライシャワーに進学の相談をしたことがある。そしてライシャワーの薦めで日本語と日本への関心を深め、日本の国際基督教大学に留学をする。また、日米関係を1つのモデルとして、2国間関係から「勝者」対「敗者」という占領時代の心理的要素、つまりメンタリティを取り除き、対等意識を高め、相互に尊敬できる異文化関係へと変容させる努力を続けた。自国アメリカに対しても、アメリカとアジア、特に日本との関わり方について警告するなど、有数のオピニオンリーダーとして発言力を持っていた。アメリカのトップレベルにおける日本についての無知や無理解がライシャワーの助言や個人的介入によって修正・改善され、相互理解を深めた例は多い。

異文化との成熟した関わり合いや国際関係は、国家間の外交や政治同盟にとどまらず、教育分野の知的な結びつきや交流によって支えられなければならない、というライシャワーの提言は、今日の世界にも通じるコンセプトである。また、新たな異文化理解を築くにあたって、そのような結びつきが必要条件であることは、有識者らにも認められてきている。今から半世紀も前の1960年代に異文化理解と文化間の人的交流の重要性を説いていたライシャワーは、その意味でも日米間のみならず異文化間のミディエーター（架け橋）として長く記憶されるべき人物である。

ライシャワーによれば、異文化理解のキーワードは、異文化や現実社会に対する人びとの「発想や態度（心がまえ）」であるという。

> これまで以上に複雑な相互依存関係をもたねばならない社会において、民族や宗教、地域や世代、ジェンダーにおける関係に対して、新たな発想や心がまえを身につけなければならない。[28]

アメリカのアジアに対する役割について、ライシャワーは1954年に以下の提言をしていた。いくつか紹介する。

> アメリカとアジアの諸国との歴史的、文化的ギャップは大きい。アジア諸文明は近年西洋の影響を受けてきたとはいえ、われわれの文明と深い関係をもつものはない。[29]

> われわれは、いわば深い未知の湖に張ったきわめて薄い相互理解の氷の上でスケートをしているようなものである。〈中略〉アジアは疑いもなく、われわれの理解が最も浅く、したがってわれわれが最も困惑させられる相手なのである。[30]

われわれの教育はいまだ19世紀の政治や文化の規定に縛りつけられたままになっている。子供たちに自国のことや、その文化の伝統だけを教えていながら、子供たちが成人したら、多文化の入り混じる世界でうまく暮らしていってくれることを期待してしまっている。[31]

西洋の伝統だけを対象にすることによって、ほかのすべての伝統は常軌を逸したものであるか、知るに価しないものであるという観念を、無意識のうちに子供たちの頭にしみこませているのだ。物理的にも距離があり、西欧による帝国主義的な支配が猛威をふるっていた19世紀においては、西半球のことだけ知っていればよかったかもしれない。ところが今日ではそういった教育の方針は時代遅れであるだけでなく、危険であり、年を追うごとに非現実なものになっている。[32]

異文化理解を促進させるために大学や成人教育を改善する必要はあるが、根本的に必要とされるのは、小・中学校の教育改革だ。全ての子供たちに異文化が共存して成り立っている世界で生きてゆくために必要なことについて考える教育を提供すべきではないだろうか。[33]

ライシャワーはアメリカの中等教育現場のカリキュラムの改革について、次のコメントを残している。

2、3の著名な高校においては西欧文化以外の異文化についての授業も行われている。一般の学校においてもカリキュラムに非西欧の授業を取り入れているところもある。しかし、そのような一般の高校では、西欧に関するもの以外の科目は正規のカリキュラムの「補充」にすぎない。その仕組みは、自文化以外の文化は多くの点で「異質」で「遅れている」という印象を持たせがちであり、そもそも「野蛮」であるといった考えを生徒たちに植え付けるという危険すらあるのだ。[34]

アメリカの初等中等教育には、家庭での大きな感化も手伝って、人類の歴史についてすこぶる誤解を招きやすい印象を伝える傾向があり、西洋はその他の人類の文明よりも優れており 19 世紀に世界を支配していた西洋の地位は当然の結果であって、この先もその状況が続いていくという、間違った認識を強固にする恐れがある。20 世紀の後半にもなってアメリカ人がそのような間違った観念を抱いていたのでは危険である。[35]

第Ⅱ章 「国際交渉」とライシャワー

1. ライシャワーの「交渉」

ライシャワーは、「人生は交渉そのものである」“Life is filled with negotiations.” という。交渉は身近なありとあらゆる状況で行われている。

ライシャワーは、「交渉」について、スコットランドが生んだ近代経済学のパイオニアであり『国富論』の著者、アダム・スミスの言葉を借りて、「人間のみが取引き＝交渉をする唯一の動物である」“Man is the only animal that makes bargains, no other animal does this.”と指摘する。他の動物は取引きなどしないという意味である。

ある講演でライシャワーは次のように述べていた。

交渉を進めるために必要な事は、できる限り多くの選択肢を用意することである。

When we engage in negotiations, “keep options open”. (*Japan’s world Role in the 1970’s*. at Lewis & Clark College, Portland, Oregon, May 9, 1973)

多くの人々は、交渉による解決に希望を託してきた。かすかなものであろうと、その方向に導いてくれる可能性のあるあらゆる道筋を模索すべきであり、可能な限り交渉の機会を増す努力をする必要がある。[36]

これは、駐日大使時代に経験したベトナム戦争について、早期停戦が必要であると訴えた著書 *Beyond Vietnam*（『ベトナムを越えて』）の中の一節である。

「交渉」は、われわれの日常生活の身近なところで行われ応用されている。しかし、多くの人たちは、それについて意識していないか、気づいていない。「人は生まれながらのセールスマンである」と言ったのは、マーク・マコーマックである。

交渉は、親子同士、夫婦同士、他人との間は言うに及ばず、通常の商取引、異文化間のビジネス、それに国家間の外交交渉や、人質の解放をめぐってのテロリストとの交渉、ハイジャック犯との交渉、ありとあらゆる状況下においてくり広げられている。

ハーバード法科大学院のロジャー・フィッシャーは、「一昔前まで、外交とは一握りの専門家の世界であり、その意味で、バード・ウォッチングや切手収集と大して変わらなかった」(Harvard Law School セッション 1993年6月資料)という。だが、1989年にベルリンの壁が崩れ、東西ドイツが1つになり、旧ソ連の共産主義体制が崩壊、貿易摩擦や国際援助、国境・領土問題、民族紛争などをめぐる論争が日増しに高まるにつれ、一般の人々の外交への関心が高まっている現実を直視しなければならないと警告している。つまり草の根の「民間外交官」が増えたということである。

ビジネスの世界においても、国内外のパートナーと長期的に「戦略的提携」を結び、戦略的な共同事業の「交渉」を行う企業が増えている。

世はまさに、一般市民が交渉を通して紛争を管理する時代へと移行している。紛争問題は、一気に解決できないものが多い。むしろ、多くの場合、ベターなプロセスを着実に踏むことで、少しずつ改善される。紛争の「解決」ではなく、紛争の「管理」を目指すことが今後の新しいパラダイムになるようだ。

1) ハーバード流交渉術の開発者 ロジャー・フィッシャーとの交流

ハーバード流交渉術を知るうえでかかせない人物といえば、

オバマ大統領のハーバード法科大学院時代の恩師で、ハーバード流交渉術の生みの親として知られているロジャー・フィッシャーであろう（なお、フィッシャーはハーバード大学経営大学院のハワード・ライファとも学部間の壁を越えて交渉学の共同研究を行っていた)。

ライシャワーもフィッシャーも問題解決型ネゴシエーターであると同時に、それぞれの専門分野で交渉に関するマネジメントの諸問題についての決着方法や問題解決や紛争処理に対する方法論と戦略を見出した実務家、またスカラー（学者）であった。後述するが、2人は「交渉」コンセプトにおいても類似している。そして、特筆すべきこととして、両者には実際に交流があった（新発見である)。ロジャー・フィッシャーからライシャワーに送られた以下の覚書には、アメリカ政府の対中政策の交渉への取り組み方についてコメントが記されている。

2) 交渉の時代と国際社会の紛争解決法

1989年、北海道の京王プラザホテル札幌で行われた講演「アジア」の前に、ライシャワーは「交渉」について以下のように定義している。

交渉とは、お互いの意見の食い違いや利害のぶつかり合いや、

ROGER FISHER
LANGDELL HALL
CAMBRIDGE, MASS. 02138
617 868-7600
EXTENSION 3134
876-5722

March 8, 1968

Professor Edwin O. Reischauer
863 Concord Avenue
Belmont, Massachusetts

Dear Ed:

The enclosed draft letter is, I'm afraid, not good. Not having a feel either for your relationship with the President or for his thinking on this area, I found it quite difficult to put ideas into words.

A couple of questions:

Would it be more appealing to the President to have this idea come from the United States rather than yielding to an Afro-Asian proposal on China after twenty years of dragging our feet? The United States might take the initiative and propose to bring in the four divided countries in this form. This might be a politically more defensible posture and would certainly get more credit in some quarters.

Would it be best to include a one-page rough draft of the kind of thing Goldberg could say at the UN?

Yours,

Roger

Enc.

ハーバード流交渉術の開発者であるロジャー・フィッシャー教授からライシャワー宛に送られた米国の米中政策の交渉に関する返事の手紙

文化間の摩擦や紛争を解決し、双方が受け入れられる結論を求めるコミュニケーションである。

Negotiation is a communication process by which conflicting positions and points are combined to form a common decision and result by both sides.（An interview with Reischauer, Sept. 21, 1989）

こうした交渉の定義と考え方は、ロジャー・フィッシャーの定義に近い。ライシャワーの場合、交渉の際の応用策として、対話を通して紛争問題の争点を探し、処理し、解決するという方法を見出した。この交渉哲学とも呼べるコンセプトは、あらゆる分野の問題解決、紛争処理に活用でき、また日本人の特性に合っているといえる。

「対話」を通した問題解決について、ライシャワーは「私が身をもって外交の分野で経験したところでは、国際関係において真の対話ほど大事なことはありません。たいていの国際的な摩擦は、誤解から起こるものです。つまり、頭の中で違ったことを勝手に考えているために意見が合わないということや、あるいは単に無知による相互不信や疑念のために起こるわけです。対話は、こういうものをきれいにさっぱりとり除くとは限りませんが、その一掃を始める唯一の道なのです」（『日本との対話』

1976年、原書房）と指摘する（[40] と一部重複)。

ライシャワーの助手を務め、ロジャー・フィッシャーの教え子の1人で、米国通商代表部で1980年半ばから1990年まで対日・対中交渉の立案にも関与したことのあるグレン・S・フクシマも「交渉とは単なる政治的合意ではなく経済的効果や結果（双方にとってのメリット）を生むものでなければならない」"Negotiation must yield economic results, not just political agreements." と述べている。フクシマは、ライシャワーの紛争解決理論を実践面でも活用しているネゴシエーターであり、また日米の次世代を担う若者達の育成プログラムにも力を注ぐ異文化交流の旗手でもある。現在、米国先端政策研究所（CAP）の上級研究員でもあるフクシマが、2014年札幌・北海道で開催された「第9回日米協会国際シンポジウム」において、今後の日米の問題解決法について次のように述べている。

> 日本とアメリカは大きな課題に直面しているが、お互いに学び合い、密着に連携し、2国間、地域、世界レベルにおいて協力体制を持つことにより相互に利益を得ることができる。
> Japan and the United States face major challenges, but both can benefit by learning from each other, working closely with each other, and cooperating on a bilateral, re-

1989年9月19日札幌グランドホテルでライシャワーの北海道日米協会主催の午餐会においての講演。右前はハル夫人。後方での通訳は編著者

gional and global level. (Glen S. Fukushima, Presentation at the 9th International Symposium of America-Japan Societies in Sapporo, Hokkaido, 2014)

フクシマは特に日本の日米協会、米国の米日協会といった組織などは、そのような学びや連携、協力を推進し、それを手助けするという重要な役割を担うことが可能であると述べている。

ではなぜ交渉が必要なのであろうか。それについて、ライシ

ャワーは次のような回答を提示する。

> 現代の社会においては、人間関係のぶつかり合いや、人間同士の利害の対立が増えている。それに伴って交渉することが必要になっている。世の中には、さまざまな文化があり、国があり、さまざまな人がいるため、意見や考え方の違いを調整するために交渉が必要になっている。
> ただし、日常、交渉を行っているのに、それに気づかない人たちが多過ぎる。身近な例を挙げれば、夕食をどこでするか妻と夫とが話し合うのも交渉の一種だし、子どもに、ほうびを与えるために社会のルールやエチケットを守る約束をする取り決めをするのも交渉である。
> 交渉とは、共通する利害と対立する利害があるときに、合意に達するために行う相互の対人コミュニケーションといえる。
> (北海道のトマム・リゾートで録画された『ライシャワーと北海道』でのインタビュー)

ライシャワーは駐日大使時代、この考えをもとに日米の間に横たわるさまざまな政治問題、外交問題、異文化教育問題、またアメリカとアジアとの関係改善のための交渉に携わり、ときには国家間、文化間の摩擦を改善する調停者としても貢献した。

2. ケネディ・ライシャワー路線

外交官としてのライシャワーについて語る時、ジョン・F・ケネディ大統領抜きには語れない。1960年代にライシャワーは、日米安全保障条約を中心としたアメリカのアジア政策を批判する *The Broken Dialogue with Japan*（「損なわれた対話」）という論文を外交季刊誌『フォーリン・アフェアーズ』に発表した。この論文がケネディ大統領の目に留まることになる。

1960年当時、日本はアメリカの極東アジア政策の要である一方、安全保障条約をめぐる騒動の苦い経験、綿繊維製品問題を中心とする経済面での利害のぶつかり合いなど、日米関係は数多くの複雑な問題を抱えていた。ケネディ外交にとって、駐日大使を誰にするかは1つのキーポイントだった。

そこで問題となったのは職業外交官を起用するか、それ以外の人物を起用するかであった。ケネディ大統領は、外交関係の閣僚及び大使として予想外の人物を2人起用した。1人がロックフェラー財団のディーン・ラスク、もう1人がライシャワーだった。結果的に、ケネディの人選は高く評価され、実際ライシャワーはケネディ大統領と多くの点で波長が合った。

2人は共通の価値観でつながっていた。第1に、2人とも国家という狭い枠を超えた発想の持ち主であった。第2に、物事の本質や国際関係を大局的に捉えられた。第3に、バランスのとれた理想と現実感覚の持ち主であった。これらの要素は、両者のスピーチや文献にも反映されている。

ライシャワーは、ケネディ大統領から駐日大使に任命された事について以下のように述べている。

> 私の大使任命があんなに大騒ぎになったのは、いま思えば異常のようであるが、当時のアメリカ大使のポストはマッカーサー元帥の余光が漂っていた。アメリカでも、あの年（1961年）大使任命は大騒ぎだった。だれが選ばれるかは、世界の人々とよりよい関係を結ぼうとするケネディ大統領の意志の現れとされた。ジョン・ケネス・ガルブレイスや私が起用されたように、常識を破る大使が何人も生まれた。1961年はある意味で「大使達の年」であった。1962年1月12日号のTIMEは「新しい大使」をカバー・ストーリーに特集し、表紙にはガルブレイス、私、ケナンの順で写真を大きく扱った。

1）「損なわれた対話」

ライシャワーが *The Broken Dialogue with Japan*（「損なわれた対話」）を寄稿した理由であるが、1960年前半は日本の保守派と各野党、アメリカ政府との間に、政治状況の把握をめぐって「トライアングル・ギャップ」ともいえる計り知れない溝があり、その問題と対処法を提示する必要があったためである。

ライシャワーによれば、日本の左翼は、アメリカの外交政策と世界情勢の動きについて全く見当外れの誤解をしているだけでなく、日本の保守派がアメリカの黙認のもとに日本を戦前の軍国主義的で民主主義なき状態に戻すのではないかと恐れていた。日本の保守派は保守派で、左翼が現実を無視していると見ていた。加えてアメリカはアメリカで、日本の指導者は憶病だがアメリカに忠実なところが取り柄と甘く見て、協力を当然視し、左派の意見は顧慮するに足りずと思っていたという。ライシャワーは以下のように結論づける。

> 自分が指摘したかった結論は、この安保騒動は、アメリカと日本の反対勢力とのコミュニケーションの不足によるものだということであった。
>
> All this [the whole Security Treaty incident] reveals a weakness of communication between the Western democracies [the United States] and opposition elements in Japan. (*The Broken Dialogue with Japan*, p. 25)

まさしく「対話なき紛争」である。ライシャワーは次のように力説した。

相互理解におけるギャップが危険水域レベルまでに達しており、その解決法として日本社会のあらゆる層の人々との「対話」を持つことがアメリカにとって急務である。
The growing gap between their [Japanese] thinking and that of Americans is a truly frightening phenomenon. (*The Broken Dialogue with Japan*, p. 13) I urged that this gap does require Americans to establish a dialogue with all sections of Japanese society, English speaking business people, and conservative political leaders. (An interview with Reischauer, Aug. 29, 1989)

また、1961年の5月から6月にかけてのアメリカ政府とアメリカ大使館の驚くべき状況判断の誤りは、アメリカと、日本の反政府勢力とのコミュニケーションがいかに貧弱だったかを物語っていると指摘した。

これに対して、当時の駐日米国大使のダグラス・マッカーサー2世（ダグラス・マッカーサーの甥）はかなりの不快感を覚えたというが、結果的に、新たな日米関係を志向する「ケネディ・ライシャワー路線」が誕生することとなった。またこの論文は日本でも注目された。

2) ライシャワーの日米交渉

次に、ライシャワーの駐日大使時代の交渉記録を探ってみよう。

1961年4月19日午前6時40分、ライシャワー夫妻を乗せた飛行機が羽田空港に到着。新大使夫妻を待ちかまえていたのは、100人ほどの新聞記者やカメラマンであった。

ターミナル・ビルに案内され、カメラのフラッシュを浴びながら到着のステートメントを読み上げた。「(実りある国際関係を築くに当たって) 伝統を異にする国民の間では、往々にして誤解が生ずる恐れがありますが、双方で『誠意と善意』を尽くして努力すれば、どんな誤解も解消するものと信じます」とアピールした。(テレビ北海道 (TVh) 開局記念特別番組『ライシャワーと北海道』1989年10月1日放映)

私たちは、再びこうして日本に参りましたことを、大変嬉しく思っております。皆様もご承知かと思いますが、私も妻も東京生まれですから、故郷へ帰ったような気分がします。古くからの友達に会うことも楽しいことですが、さらに多くの新しい友達ができることも、嬉しいことです。今回日本に着任するに当たりまして、大きな責任を感じていますが、私は将来に多大な希望を託しています。もちろん、いろいろの問題が出ることでありましょうが、日本の歴史、特に日米関係の歴史を振り返ってみますと、両国の前途に十分に期待がもてると信じます。(同上)

この挨拶スピーチは、同日のNHKの朝のテレビニュースで生中継され、その日は何度もブラウン管を通して繰り返し放映された。これまで多くの大使が日本に赴任してきたが、ライシャワーは日本語で着任挨拶をした最初の駐日米国大使であった。

対話による問題解決型の交渉者としてのライシャワーの功績については、1966年7月27日に朝日新聞が社説「日米間の対話」の中で次のように述べている。

ライシャワー大使と日本の新聞との関係は、たがいに率直に物を言い、率直に答える関係である。これは大使在任5年前に接触を積み重ねてきた結果であって、単に新聞との関係ばかりではなく、大使と日本人一般の関係についても、同じことがいえるであろう。1961年、故ケネディ大統領がライシャワー教授を駐日大使に任命したとき、安保改定のさわぎで破損状態におちいった日米関係を補修し、日米間の「対話」を復活することが、その任務とされたのであった。

ライシャワーは、アメリカと日本の高官、代表者たちを会わせるために惜しみない努力を注いだ。特筆すべきは、ケネディ大統領の来日計画である。それまで現職の大統領が日本を訪問することはなかった。1960年にアイゼンハワー大統領の訪日が計画されたが、左翼の抗議行動によって来日は実現しなかった。ライシャワーは、人気のあるケネディ大統領の訪日が実現すれば、アメリカ、それにアメリカのリーダーに対する日本の信頼と日米の友好関係強化につながると確信していた。ケネディ大統領の訪日は実現しなかったものの、1962年、大統領顧問として厚い信頼をおいていた実弟のロバート・Fケネディ司法長官が来日した。

1964年、「合意は困難」と言われながら「日米航空協定交渉」が結実した。これについて、ライシャワーは次のように回想している。

私は、つい2週間ほど前に日米航空協定が調印されたことを喜んでいますが、これなどは、両国間の問題をどのように解

首都ワシントンでの日米首脳会談。ケネディ大統領と池田首相（前列）。朝海駐米大使、ラスク国務長官と小坂外務大臣（後列左から）

決できるかということを示したよい例です。御承知の通り、アメリカは日本と違って広大な大陸国ですから、ニューヨークを超えてその大陸を横断する航路を認めることは、大変な譲歩なのです。こういう理由があるわけですから、これまでに、この特権を得た国は、わずか2カ国しかありません。しかも、実際には世界一周航路をもちながら、米大陸横断を認められているアメリカの航空会社は、一つもないのです。これまで、アメリカは経済面において日本に対して冷徹であるとされてきましたが、今回大きな譲歩をしたことは、その見方を覆すものであり、日本に対して非常に温かい感情をもっていることを示していると思います。(1966年1月8日「日米関係の将来を語る〜フジテレビ第10回ビジョン討論会」)[37]

ライシャワーは、日韓交渉においても互恵的な交渉を通して両国の戦後の関係樹立を模索し続けた。

1966年7月に大使を辞任した際、各紙はこぞってその功績を称え辞任を惜しんだ。「故郷を去る“江戸っ子”大使」と、5年間に会った日本人が数万人であったこと、毎朝味噌汁を欠かさなかったこと、全国の47都道府県をくまなく訪れようと考え、39までは足を運んだこと、講演は1日3回行ったこともあり、合計数百回に及んだことなどを紹介した。

ライシャワーが駐日大使として自ら掲げたゴールは2つある。1つは、日米間の人種的偏見と戦時中の憎しみを一掃すること。もう1つは、日米間の文化的ギャップをなくし、2国間の不平等をなくすことである。ライシャワーのビジョンは当時、安全保障条約の範囲を超えるスケールの大きなものだった。日米が異文化理解を深め、文化的絆を結ぶことで、相互に協力しながらアジア太平洋地域の平和を維持し、民主化を進め、繁栄を確保するという友好関係である。それは、「日米イコール・パートナーシップ」というコンセプトに発展する。

友好関係は、理念や利害や目的を大きく異にする国同士にも存在する。
Friendship can exist between countries with very different basic ideas, very different interests, and sharply differing objectives.（講演「日米のパートナーシップの意味」Lecture *The Meaning of the Japanese-American partnership* Oct. 5, 1961）

「イコール・パートナーシップ」は、ライシャワーの日米外交におけるキーワードの1つだ。つまり、勝者と敗者という占領時代のメンタリティを取り除き、日米を対等で尊敬し合える関係に変えるということである。在任中、彼はこの造語を日米両国でしばしば強調した。ライシャワーは当時について、次のように書いている。

日米両国民の間に生じる誤解は相手に対する理解不足に基づ

いているというのが私の考えであった。そういった考えを修正するのは、政府間における事務的な合意よりも、はるかに重要だと思った。私は日本が数々の点でアメリカに追いつき始める現状を観るにつれ、完全な平等こそが未来に向かって不可欠な要素であると思ったのである。大使時代によく使った言葉がある。「イコール・パートナーシップ」(対等な関係)である。私は、その言葉を日米両国が互いを受け入れるための指針にしようと努めた（テレビ北海道（TVh）開局記念番組『ライシャワーと北海道』でのインタビュー1989年9月19日)。[38]

私が何より喜んでいるのは、日米が強力なイコール・パートナーシップを築き上げたことである。日米は世界の二大民主主義国家として、民主主義社会の中心にある。日米のパートナーシップは文化と民族の違いを大きく超えた紐帯であるがゆえ、未来の世界のためのモデルになると確信する。[39]

ライシャワーは、大使として日本国民との「対話」を軸とする「誠意ある問題解決型交渉術」を実践したが、日米関係のみならず国際外交分野でもそれを実践した。駐日米国大使というポストを退任後、自由な立場を取る事ができた際、ライシャワーは次のように発言した。

私自身、大使時代に、講演、討論会や新聞記事など、また5万人近い数多くの日本の人たちとの話し合いを通して、意見交換を努めました。そして自分が外交官時代に経験したことですが、国際関係において「実際に対話する」ことほど大切なことはないと言う点であります。[40]

ライシャワーによれば、大使時代には幸いな事に多くの対話があり、結果として相互理解は深まった。しかし両国とも、より複雑で急速に変化しつつある国際政治の情勢に直面したという。

これに関連してライシャワーは次のことを強調する。

したがって両国でお互いの関係や問題もさることながら、国際情勢についても、お互いの考え方について意見の交換をする必要がある。

（Through an interchange of dialogues）we need to exchange our views about this world situation as well as about U.S.-Japan relations with each other.

彼が繰り返し説いていたことでもうひとつ大切なことは、国際関係は、政府間の外交や政治面での同盟に留まらず、知的文化交流や教育的な結びつき、言い換えれば「ソフトパワー」によって支えられなければならないという考え方だ。

この考え方は、今日の国際ビジネス、また外交においても通用する哲学である。文化的相互理解の欠如が原因になった流血の惨事、武力衝突は絶えない。これからの国際関係を構築するにあたって、そのような結びつきが必要条件であることは、多くの識者が認めている。

戦後の日本人たちのアメリカに対する心理的な距離が最も近かったのが「ケネディ・ライシャワー路線」時代だった。ジョージ・パッカードも述べているように、「ライシャワーがケネディ家（ケネディ兄弟含む）と結んだ新たな確固たる絆は、それ以上の報酬として、米国政府内における対日政策へ多大なる影響力を及ぼすことを約束するものであった」。[41]

最後になるが、「縁」とは不思議なものである。2013年11月にケネディ大統領の長女であるキャロライン・ケネディ氏が、女性としては初めて駐日米国大使に就任した。「縁」が新たな「縁」を生んだといえよう。再び日本の人たちのアメリカに対する距離が近づいたという感じがある。

ジョンF.ケネディの1962年12月マイアミ・フロリダにおけるスピーチ

3) ライシャワーの見た世界危機とキューバ危機

ケネディの登場は、1960年代における政治的事件であると同時に、アメリカの意識の革命的変革を予言する社会的事件であったと言える。

1962年10月28日の12時30分、人類滅亡の危機13日目のタイムリミット90分前、ケネディ大統領の額には油汗がにじんでいたという。その時、ホワイトハウスの担当者が「フルシチョフ首相がラジオを通し声明を発表しています」と伝えた。フルシチョフは「キューバからミサイルを撤去する」と力説していた。重い政治的判断ではあったが、これによって世界の人類は滅亡の危機から脱したのであった。歓喜の湧き上がる席でケネディはこう述べた。「諸君、勝利の美酒に酔ってはいけない。勇気をもってミサイルを撤去したフルシチョフの判断に賞賛を送ろう」。

ライシャワーによれば、これまでの大統領は、ホワイトハウスのスタッフと相談を行い合議制で意思決定を行っていたが、ケネディは、椅子に座り一人で解決策を生み出すことのできる大統領であったという。当時の大統領がケネディでなければ、われわれは今こうして生きていなかったかもしれないとライシャワーは語る。キューバ危機を乗り越えたケネディは、それまで以上に精力的に活動し始め、核競争緩和の道をフルシチョフと確認し合った。他人の悲しみと苦しみが理解できたケネディだったからこそ、直感的に和平を探る判断をし、問題解決に取り組むことができたのである。同時にケネディは、自分の判断について自信を深め、大統領としての仕事やホワイトハウスで過ごす時間を楽しんだという。

ライシャワーは、ケネディはソビエトとの戦争は望んでおらず、世界の他の人々と同様、平和な世界における共存を願っていたと回想する。以下のソビエトのミサイル封鎖に関するスピーチが、そのことを如実に物語っている。

> わたしたちは、東西双方の緊張緩和のための新しい提案について話し合いの用意はできている。つまり、アメリカもソ連との戦争は望んでいない。わたしたちは平和を愛しすべての国民と平和に生きる事を望んでいる。[42]

4) ライシャワーのキューバ危機前のソ連観

ところで、ライシャワーは、ソ連が自由経済を目指す国になることは予測していたが、キューバ危機前のソ連の政治的動向についてどのような視点で捉えていたのであろうか。それに関しては、ライシャワーが1962年5月10日に仙台東北電力会社講堂で行ったスピーチ『日米フォーラム――近代史の新しい見方」(‘Nichibei Forum’, July 1962) の中で述べているので紹介したい。

> ソ連にみられるスターリン政権とフルシチョフ政権の違いは、フルシチョフ政権においては、個人の自由というものが、徐々にではあるが、拡大する方向に移行することが可能になることだ。〈中略〉これまでソ連は、増加した生産のほとんどを、

人びとの生活水準の向上よりも、国家の強化、特に軍事面における国力強化に使ってきた。だが、近年では生活水準にも少しの改善が見受けられる。この傾向が続くならば、個人の自由を拡大する要求が強くなることは確実である。民主主義への移行が始まれば、人びとが生まれながらに持ち合わせている自由に対する動きは高まるであろう。そして、ロシア人の自由へのあこがれは、おそらく他の国々の人とたちと同様に強いものがあると言える。[43]

ライシャワーのこの講演はテレビで全国に放送され、6月10日の『朝日ジャーナル』誌にも掲載される事になる。翌1963年は東京オリンピックの前年であるが、米ソがキューバ危機をきっかけに「部分的核実験停止条約」に署名し「デタントの時代」に入った年であった。「デタント」(Detente)とは、「平和共存」のフィロソフィーに裏打ちされ、2大国間の戦争回避を目的として「国家間の緊張緩和」を意味する国際秩序の構想であったが、それが冷戦の構造そのものを変えるのか、または、冷戦の1つの形態にすぎないのか、という点については国際政治学者の間でも意見が分かれていた。ちなみに、ライシャワーの予想通り、1990年3月13日、ソ連にもついに西側並みの大統領が誕生することが正式に決まった。大統領制度の導入にあたって、ゴルバチョフ最高会議幹部会議長（党書記長）は自らこれを提案し、自らそのポストに就く、という強引な道を選び、自由経済とペレストロイカという急進的な政治・経済改革を推し進めた。モスクワ特派員を務め日露関係に詳しい北海道新聞社の元論説委員の山谷賢量は、「国民の十分な議論も経ずに上から「お手盛り」的に、性急に事を運んだ、という印象をぬぐい切れない。ソ連の大統領制度が本当に民主的なものになるのかどうか、今後の運用が問われている」（北海道新聞「改革推進へ大権／ソ連大統領制導入」1990年3月14日）と報道していたが、当時のソ連の知識人の間で世界の自由経済問題と国内の経済改革への関心が強くなったことは確かである。

第Ⅲ章 「平和について」の フィロソフィー

ネゴシエーターやミディエーターとしてのライシャワーには、「平和教育」に基づく歴史学者としての見方が、常に根底に流れていたと強調したい。これは、1920年代後半から1930年代前半に「青年ライシャワー」がオバリン大学で受けた教育に端を発するものである。

学部生時代の青年ライシャワー（右端）と友人たち

平和教育研究者としてのライシャワーの業績を評価するには、その生涯において、平和教育研究がいつ頃から生まれ、どのような形をとっていたのか、いかなる人物に影響を受けたのか、そして彼自身の言動がいかなる意味を持っていたのかを吟味する必要がある。

ライシャワーは、自分には二つの祖国があるという。かつて祖国を敵味方にした悲劇は決して繰り返してはならないと。ライシャワーが傾注したのが、この後取り上げる平和学である。

ライシャワーは、以下のような英文のメモを書いた。(An interview with Reischauer, Sep. 19, 1989)

世界平和は国際関係にかかっており、理解しあえるかどうかはコミュニケーションの知識と技能にかかっている。したがって、平和はつきつめれば、教育次第である。「教育と法、それに知恵と対話なしに平和は存在しない」“There can be no peace, without education, law, wisdom and dialogue.”

ライシャワーの平和思想に影響を与えた人物は誰であろうか。その人物とは、オバリン大学学部生時代の恩師だったオスカー・ヤッシー教授だ。ヤッシー教授については後のセクションで改めて取り上げるが、ライシャワーは以下のように述べている。

ヤッシー教授は、世界平和の追求に情熱を燃やし、私もその熱に感染した。ヤッシー教授の講義の中には、当時、誰も聞いたことがない「国際紛争・平和論」という科目があり、欧米の様々な平和論や平和提案を教えていた。4年生になった私が率先してオバリン平和協会を設立したのも、明らかにヤッシー先生の影響だった。先生は説得力に富んだ人物で哲学者であり、又偉大な思想家でもあった。(*My Life between Japan and America & Oberlin Remembers*, 1988) [44]

以下、ライシャワーの足跡を、彼の青年期に焦点を合わせ、ささやかではあるが探求してみたい。ここで少し、1920年から1930年代のアメリカを平和運動という観点から顧みることにする。

1. アメリカの平和運動史

1) 1920年代のアメリカ社会

1920年代と言えば、アメリカ史の上では、都市人口が農村人口を上回り(1920年の国勢調査では51.2%)、自動車の普及はむろん、ハリウッドの映画産業やジャズを中心とした音楽産業、雑誌『TIME』などの出版界、並びにラジオやマスコミュニケーション・メディアを通した大衆文化が開花し、「アメリカン・ウェイ・オブ・ライフ」が生まれた、「黄金時代」であった。

海外への大衆文化輸出国となった当時のアメリカ国内には、有名な社会学者であるロバート・パークスのように、映画とマスコミュニケーション・メディアを媒介とした各国との文化交流が平和に通ずるという考え方をもつ人物も存在していた反面、アメリカ文学界「失われた世代」の作家S・ルイス・メンケンのように大衆俗物性を批判したり、ヘミングウェイのように海外へ精神文化を求め移住する人物も現れた。

「黄金の20年代」にも、暗い影があったことは忘れてはならない。ウッドロー・ウィルソン政権の司法長官であったパーマは大掛かりな「赤狩り」を実行、1915年には白人至上主義を推し進めたクー・クラックス・クラン（KKK）が再興された。彼らは偏狭的な愛国主義を唱え、黒人のみならず、非アングロ・サクソンのカトリックやユダヤ教徒にまで攻撃の鉾先を向けると、非アメリカ的左翼思想の排撃と反国際主義をスローガンに勢力を伸ばした。1919年の憲法修正後、「禁酒時代」が1920年から1933年まで続き、「暗黒の時代」という形容がなされるにいたった。

経済面での1920年代といえば、ピューリタニズムが薄れ、道徳的解放と物質的な豊かさを求めた商業主義の傾向が見られた時代であり、第一次大戦を画期に「債務国」から「債権国」へ移行、1919年から1929年までの期間、世界におけるアメリカの直接投資は約2倍に、証券投資は3倍に増加した。

また、経済安定を目指した政策が、「平和への復帰条件」のスローガンでも知られるハーディング大統領（1921〜1923年）から“Business of America is Business”の格言を残したクーリッジ大統領（1923〜1924年）に受け継がれた。しかし、その後アメリカは、経済協調による貿易拡大がひいては世界の安定と平和に通じるという「国際主義」と同時に、海外市場に依存せず自給自足経済を保つべきだという、相反する考えを併せ持った国になってゆく。また「善隣外交」の基礎を築いたにもかかわらず、「経済ナショナリスト」と知られるフーバー大統領（1929〜1933年）へと続く「共和党」時代に移行してゆく。

経済面において、これら3名の共和党大統領は、海外経済進出をタフト並びにウィルソン大統領から引き継ぎ、「ドル外交」を促進する一方、国内では実業界の利益を重視する政策をとり、社会改革には消極的な姿勢を示した。カーネギーをはじめ、後に財務長官に任命され外交官にもなったメロン、デュポン、ロックフェラーやモーガンといった実業界の巨頭が中心となり、大企業のヘゲモニーが強固なものになった。

川田侃は論文「経済的覇権と政策転換」の中で、この時代、特に相対的安定期（1925〜1929年）においても、世界経済が拡大局面を迎え、工業生産、原料、食料生産がいずれも拡大傾向を見せること、中でも特にアメリカ経済は、飛躍的発展を遂げたにもかかわらず、なぜ高率関税障壁の導入による手厚い保護主義へと傾いたのかということについて疑問を投げかけている。

なお、入江昭は、アメリカが1929年以降の大恐慌によって最も大きな経済的打撃を受けたにもかかわらず、「潜在的大国としての地位は、ゆるがなかった」と著書『新・日本の外交』の中で述べている。

ちなみに、1920年代のアメリカの対日輸出額は、中国への輸出の2倍であった。さらに、アメリカ企業の日本進出も著しく、日米関係も経済的には安定していた。また、1924年の排日移民法の成立は、両国の関係を大きくゆさぶったかのように一般的にはとらえられがちであるが、アメリカ国内の新聞論調の8割は、排日条項に反対であった。

2）平和思想の萌芽

ところで、平和運動と思想の面で1920年から1930年を顧みた場合、多くの歴史家の見解では、1910年代と1930年代に比べれば、国際関係においても比較的平和が続いた時期であり、経済主義的平和思想に加え、思想、教育、文化などの分野にも平和の基礎を求めていこうとする動きがあった。ちなみに、日本の知識人の間にも世界平和への意識の連帯を築き、国際問題についても論じあおうとする動きがあった。ヘッセ、ラッセル、クローチ、ローラン等が排他的愛国主義を批判し、精神的国際主義を基礎に据えた「知的独立宣言」を1919年に発表し、それに影響される者が日本国内に存在していた。

とはいえ、1918年から1931年の期間には、ロシア・ポーランド間、及びトルコ・ギリシャ間の小規模な戦争や武力紛争、そして日本による山東出兵、アメリカによるドミニカ共和国とハイチへの軍隊駐留、そしてニカラグア派兵等の海外派兵が、絶えまなく続いたことも忘れてはならない。

特筆すべきは、ウッドロー・ウィルソン大統領（任期1913〜1921年）の掲げた国際協調主義の理想が陽の目をみなかったことだ。セオドア・ローズベルト大統領の旧友ヘンリー・キャボット・ロッジ上院外交委員長の決定により国際連盟不参加が決まり、さらにハーバート・フーバー大統領の矛盾した経済理論により、「孤立主義」に陥ったのである。とはいえ、歴史学者のE・H・カーは、『危機の20年』（*The Twenty Years' Crisis*）の中で、「民主主義のための戦争」、「戦争のための平和」、つまり力の強い国が自らの優位を保つために現状維持を支持して、それを「平和」だと弱小国に押しつけるウィルソンの平和思考は、古典理想主義の流れをくみ現実性を欠くと述べている。

また、この期間で注目すべきことは、1914年以前の平和思想が想起されて平和論が発表され、その中でも文明や産業、経済の進歩と平和を結びつけるハーバート・スペンサーの概念が特に影響力を持ったことである。しかし、実際には文明や産業、経済が発達した諸国が多岐にわたる戦争に巻き込まれたのであった。したがって、1920年代には単なる文明や産業の発展をもって平和の保障をみることはできないという反省も生まれた。また重要な出来事として、20年代後半には、「平和団体」の活動が他の労働運動や社会福祉運動とともに活発になった。

ところで、1920年代前半、国際連盟に加盟しなかったアメリカ政府は、別の方法で国際政治への参加を望んでいた。まず、1921年にアメリカがイニシアティブをとった「ワシントン海軍軍縮条約」がその一つだ。それは、ウィルソンの掲げた国際協調主義の理念が受け継がれ、具体化された一例でもある。海軍軍縮の決議案は、ウィリアム・ボーラ上院議員が提出したが、当時、軍縮熱が高まりつつあったアメリカでは、平和と減税の福音書として受け入れられた。

また、1927年、カーネギー国際平和団体の中心人物で歴史学教授であったジェームス・T・ショットウェルがフランス外相のアリスティード・ブリアンに働きかけたアプローチを発端として、両国間の幾多の交渉の末、旧ソビエトを除く60カ国で「ケロッグ＝ブリアン条約」、すなわち「パリ不戦条約」が署名された。最終的には、この不戦条約は戦争防止の効力を持たなかったが、その後の戦後アメリカ外交において重要な役割を果たすことになる。

2. 青年ライシャワーの平和研究

時は1927年、青年ライシャワーは日本からアメリカに向けて自立の旅に出発した。同年9月、ライシャワーは、兄ロバートも在籍するオハイオ州の伝統校オバリン大学に入学する。この大学は、1883年創立当初からリベラルな大学であり男女共学でアフロ・アメリカンの学生にも門戸を開いていた。

当時アメリカにおける平和運動は、先にも述べたように一部の知識人を中心に活発になりつつあったが、当時の大衆や群衆の心理や意識について論じたウォルター・リップマンの代表作*The Classic American Analysis*からも伺えるように、一般の市民や大衆は戦争や平和問題についてほとんど予備知識を備えておらず、政治的プロパガンダや偏見を通して世の中を見ていた。

ところで、編著者は、当時ライシャワーがオバリン大学とハーバード大学時代を通して個人的にも深い関わり合いを持ち、オバリン平和協会の会長も務め、教育分野でも影響力のあったE・カールソン教授、並びにオバリン大学卒の行政官であり、ライシャワー兄弟の生前の活動に詳しいドロシー・スミス女史にインタビューする機会があった。その結果、ヤッシー教授が当時の青年ライシャワーを始め、他の学生達にも、平和教育の重要性について事あるごとに熱心に説いていたことが明らかになった。

1）ヤッシー教授の人物像

ヤッシー教授とは一体どんな人物であったのであろうか。ここで少し説明を加えてみることとする。

オスカー・ヤッシーは、1875年にトランシルヴァニアでハンガリー系ユダヤ人として生まれたが、幼少の頃からカルバン主義に基づく道徳教育の影響を受けた。青年時代からヨーロッパ社会学に興味を覚え、スペンサーのポジティビズム（positivism）は言うに及ばず、マルクス社会主義思想哲学やカント哲学にいたるまで、広範囲にわたる学問的研究を行った。しかしながら、後に、正義、権利、自由、民主主義の道徳原理の研究

Page 6

Observations

Oscar Jaszi: scholar with a cause

by Harlan Wilson

In an article on "Political Refugees," written in Oberlin 15 years after he left his native Hungary, Oscar Jaszi observed that significant political thought is often produced by political men in exile. Citing Plato, Machiavelli, Locke, Rousseau, Mazzini, Marx, and Kropotkin, among others, Jaszi remarked that "the crisis of their personal life and the experiences in new surroundings concentrated their attention on essential things and made them more sensitive towards new solutions. . . . The better part of the emigration, men with solid moral foundations, continue often until the grave their hopeless fight for their political ideals." Oscar Jaszi knew about that from firsthand experience.

Of the many distinguished political scientists at Oberlin College over the years—including John D. Lewis, Aaron Wildavsky, Sheldon Wolin, and George A. Lanyi—Jaszi stands out as a political intellectual, a man with a cause. When he could no longer further that cause through the vocation of politics, he sought to do so through scholarship and teaching. Jaszi, of course, is still remembered at Oberlin as a master scholar and teacher. Yet few Oberlinians are aware of his distinguished political career before he came to America, or, for that matter, of the substance of his political ideas.

Politician

During the first twenty years of this century, Jaszi was one of three or

OBERLIN COLLEGE ARCHIVES

Oscar Jaszi

problems, to which he turned during World War I. He argued that the Habsburg Dual Monarchy, with its attempt to unite no fewer than ten nations in Central and Eastern Europe under one rubric, was doomed from the start. But, unlike many non-

barked on a lecture tour of the United States, then decided to settle permanently. In 1925 he took a professorship at Oberlin College. He was to retire in 1942 and to die in 1957. His time here was a second career, a second life. Yet he never, emotionally or

Oberlin Alumni Magazine, which at that time was a forum for controversy on important national issues, as well as in the leading national journals. He followed, as one commentator puts it, "the lonely path of the moral thinker," insisting upon the highest intellectual and political standards while making his peace with a small college town far removed from the centers of power.

No doubt Jaszi found Oberlin particularly congenial because of its reformist history and its atmosphere of moral fervor, so appealing to his Calvinist sense of absolute moral principle and his consciousness of social justice. He completed his scholarly work on the Habsburg monarchy and, with the late John D. Lewis, wrote a book on the historical justification of tyrannicide. Meanwhile he continued to write about federalism, broadening his horizons to encompass a vision of peace based on Kantian ideas of confederation among nations. As a teacher he made a profound and lasting impact, with his heavy accent, his sober demeanor, and his gift for communicating the social and moral issues of politics. As Professor Lewis noted, while presenting him for an honorary doctorate in 1953, "He has enlightened our minds; he has fortified our souls." To Jaszi, these were equally important.

And yet Jaszi certainly considered his life and work to have fallen short of their promise. He knew that thought is incomplete without action, and he must have been deeply hurt

ライシャワーの平和学に影響を与えたオスカー・ヤッシー教授

を中心とする社会改良主義に関心を持つようになり、教育者としてコロスバー及びブタペスト大学で教鞭を取った際にも、それらの学問の必要性を提唱するようになる。

この時点からヤッシーは、自分では社会主義者を標榜していたが、実際には社会主義からは遠のいていったのである。同教授の「平和論」も少なからずカント哲学の「人類共同体」(Confidence of Nations)に影響されており、また政治家がよく言う「言葉より行動で」“Deeds rather than words”ではないが、「行動なくして思想は語られない」“Thought is incomplete without action.” という警句を好んで使っていた。

第一次大戦後、ヤッシーはハンガリーの社会主義内閣の閣僚にも任命されたが、独裁者のミクローシュ・ホルティに反発したため、母の葬儀にも出席できずハンガリーから追放されることになった。そして、1924年の米国講演旅行の際、アメリカでの永住を心に決める。1925年から1942年までオバリン大学で「国際平和論」の講座を受け持つかたわら、平和教育に関する講演「平和についての主要問題」(1930年10月31日)などを通して、青年ライシャワーに影響を与えた。

ヤッシーは、1957年に死去するが、1920年代におけるアメリカの物質主義および反知性主義的な風潮に対しては嫌悪を示し、トクヴィルやジュームス・ブライスと同様、アメリカ人に対してアメリカ事情を語ろうとしなかった。また、反ファシズム、反ボルシェビキ主義者としても知られていた。

青年ライシャワーが影響を受けたヤッシー教授の平和教育理論とは、どのようなものであったのだろうか。それをまとめると以下のようになる。この理論は今から80年以上も前のものとはいえ、21世紀の異文化教育や紛争解決教育の一つの道程を示唆してくれると信じる。(An Outline Analysis of the Problem of Peace)

――平和の中に潜む諸問題の分析とその概要――

A. 平和の本質とは何かを考える

Ⅰ　国際紛争で勝ち得た自由が平和を築きうるか

Ⅱ　次のような状態は平和と共存できるか

(1)　内戦

(2)　外国で起っている革命への介入、または通商禁止

(3)　植民地などでの、地元の地域住民に対する支配者側の軍事行動

B. 戦争の原因について考察する

Ⅰ　人間の本質を考える

(1)　人間は本質的に好戦的か、それとも平和的か

(2)　人間は戦争の中に道徳心を見出せるか

Ⅱ　人間の悲劇に通ずる要因を考える

(1)　人口過密

(2)　生産と消費の格差

(3)　過度な生産、または労働者への低賃金

(4)　経済ナショナリズムと海外市場

Ⅲ　ナショナリズムについて考える

(1)　身近な世界における主要なる主義としてのナショナリズムの重要性と意味

(2)　限界への苦悩

(3) 分離、脱退、または自治権を求める国内少数派グループの苦悩

Ⅳ 帝国主義について考察する

(1) 帝国主義システムの意図とは何か。また、その中での白人に課せられた責任（The White man's burden）とは何か

(2) 植民地問題

(3) 委任統治（Mandate）システム

(4) 奴隷問題

(5) 帝国主義国家間の争い

(6) 支配された人々の経済的、政治的自由のための闘い

Ⅴ 人権について考察する

(1) 人権論の起源と展開

(2) 発展を目指す人種の自覚と啓蒙

(3) 発展を目指す人種の反乱

Ⅵ 政治の動向と紛争——本質的問題について考察する

(1) 独裁主義を求める傾向とは何か、ディクテーターシップ対デモクラシー

(2) ボルシェビキ主義（旧ソ連の過激社会民主労働党の多数派)、及び国際戦争と結びついた内乱、「ボルシェビキ」対「社会主義」

(3) ファシズムのような独裁――「新帝政主義」対「ナショナリズム」

C. 戦争に対する救済対策（Remedies）の提案

Ⅰ 歴史的前例を取上げる

(1) 偉大な思想家の学説

(2) 歴史的教訓例

Ⅱ 急進的宗教と道徳的判断

(1) クエーカー教フレンド派、プロテスタントのメノナイト派、ナザレン派、その他のクリスチャンのセクトについて

(2) 良心的兵役拒否について

(3) トルストイやガンジーの平和運動について

Ⅲ 法的判断（態度・心構え）――戦争の非合法化の試み（attempt）

(1) 強制的な法的制裁を要するもの――平和のための国際連盟

(2) 強制的な法的制裁を有しないもの――国際司法機関常設、国際連盟における任意の条約設定（パリ条約の例）

Ⅳ 経済の見方について

(1) 自由主義の方針――自由貿易と門戸開放

⑵　社会主義の方針——国内生産と流通における国内規制
⑶　共産主義の方針——世界革命を通じた資本主義国家の暴力的破壊
⑷　無政府主義の方針——あらゆる形態の国家権力に対する闘争、政治及び経済においては既存の権威を認めない立場から徹底した自由主義社会の構築
Ⅴ　内政自治、地方分権制度、自治権及び民族自決に対する苦闘
Ⅵ　国際連盟内外における地域圏構想に対する取り組み方
⑴　パン・アメリカン（汎アメリカ主義）運動とは何か
⑵　ヨーロッパ合衆国（The United States of Europe）とは何か
⑶　パン・アジア圏（汎アジア主義）運動とは何か
Ⅶ　国家の民主化促進強化について
戦争の関与についての是非は国民投票に委ねられるべきという提案
Ⅷ　教育改革について
⑴　学生間の交流奨励
⑵　歴史教科書の改訂
⑶　「世界市民」を目指す教育

(4) 無節操（悪徳的）なジャーナリズムに対するペナルティ
(5) 世界言語の普及

IX 情報組織について

(1) 現存の組織の強化
(2) 偏見に満ちていない客観性に富む情報の収集と普及

先にも述べたように、これは今から80年以上も前の理論である。理論の内容などは、当時教授が実際に受け持っていた「国際紛争・平和論」の講座で説かれたものである。それゆえ、時代背景を反映している部分も多いが、教授のテーマで終始一貫していることは、ただ単に、平和愛好や戦争反対の「平和主義論」ではなく、平和を脅かす要因を探求すべきだということ。驚くべきことに、これは60年後の1991年8月6日の広島の平和宣言の内容を先取りしている。手短に紹介しよう。

1991年8月6日の広島市の平和宣言は以下の通りである。

平和とは単に戦争のない状態ではない。我々は、餓死、貧困、暴力、人権、抑圧、難民生活、地球環境破壊など、平和を脅かす要因を取り除き、人間が安らかで豊かな生活のできる平和の実現に努力したい。[45]

次に、教育改革に力をそそぐこと。そして、人種、国籍、民族性といった要素を重視し、互いに尊重し、様々な価値の多様性に対する寛容さを持たなければ、世界の秩序（World Order）は危ぶまれるということである。

これらのフィロソフィーのうちA「平和の本質とは何かを考える」、B「戦争原因を考える」、それにC「戦争に対する救済対策の提案」の中の「教育改革について」などは、ライシャワーの著書の中にもしばしば現れており、ヤッシー教授が青年ライシャワーにいかに大きな影響を与えたかが伺える。

ただし、当時はまだ核兵器が使用されていなかった時代であり、ヤッシー教授の平和教育理論の中では核戦争の危険性については触れられていない。したがって、ノーベル化学賞とノーベル平和賞を受賞したライナス・C・ポーリング（著書に *No More War* など）の説く「我々は核戦争の破壊の予防を研究しなければならない。そして、世界のかかえる難問について平和的解決方法を見出すために、巨大な軍事費を根絶しなければならない」を補えば、まさにTCM（トランス・カルチュラル・ミディエーター）時代が求めているメッセージといえるだろう。

2)「平和協会」の設立

以上ヤッシー教授について述べてきたが、次に編著者がオバリンでの調査の際に新たに発見した事実を紹介したい。それは、ヤッシー教授のみならず、他の教授陣、例えばE・H・ウィルキンズ学長始め、歴史学のF・B・アーツ教授やD・R・ムーア教授、政治学のK・ガイザー教授、R・フレッチャー教授なども、ライシャワーのオバリン平和協会を通した活動と、平和教育の思想の形成に少なからず影響を与えているという事実だ。

特に、ウィルキンズ学長の陰ながらの影響力は、大きなものであった。ウィルキンズ学長は、オバリン平和協会設立にあたって多大なる努力をした人物である。同学長は、青年ライシャワーが学生の中心となり、大学の平和協会設立に至るまでの準備期間、自らヤッシー教授に働きかけ、組織作りのため協力を要請するとともに学生達にも呼びかけを行ったのである。

1930年9月26日、フィニー・チャペルにおいてオバリン平和協会が組織されることを、ウィルキンズ学長は全学に通知した。学生の参加は自発的（ボランタリー）なものであり、当日のメイン・スピーカーにはヤッシー教授が選ばれた。しかしながら、実際にチャペルで総決起集会が開かれたのは10月6日月曜日の午後7時であったと、当時の新聞は次のような見出しで伝えている――「エドワード・ライシャワー率いる平和協会発足」（'Edward Reischauer to Head First Peace Organization'）。名前がエドウィンではなくエドワードと誤って掲載されている。また、「実行委員には、学長のウィルキンズ、ヤッシー教授、ボスハート、バック、サービス、学年代表」（'Executive Committee includes President Earnest Hatch Wilkins, Professor Jaszi, Bosshart, Buck, Service, Class'）と見出しで紹介されている。会の役員は会長と補佐役、それに教員が２名と女子学生２名、合計６名で、会長にはエドウィン・O・ライシャワーが任命され、ウィルキンズ学長は平和協会設立集会への参加総数は728名だったと発表した。

このオバリン平和協会設立集会を機にウィルキンズ学長が目指したものは、平和運動を通して国際情勢に目を向けながら、戦争原因を模索し、他国とのより良い友好関係を築くための「平和論」を推し進めることであった。学長はこれを次のように述べている。

> Peace is much more than the absence of war: peace means the positive existence of friendly and cooperative relations between nations.

これは、単なる平和愛好や戦争反対の「平和主義論」ではなく、平和を脅かす要因をも探求すべきだとするヤッシー教授の議論と重なる。

このような、まさに学生達に夢を託したともいえる、平和協会という組織を通したウィルキンズ学長の平和運動と、国際的な視野からのヤッシー教授の講義は、現代平和促進研究家として有名なヨハン・ガルトゥングやラパポート、ケネス・ボールディング等の「紛争解決」に関する理論に匹敵するといっても過言ではないだろう。

第Ⅳ章　ライシャワーの視座と提言

ライシャワーは日本や日本人の問題のみならず、日米間の外交問題、果ては21世紀の人類が抱え、その存立のためには解決しなくてはならないたぐいの問題、すなわち科学技術の発達、核戦争と核拡散の可能性、異文化理解の重要性等を、広い視野と高い次元で捉えていた。

例えば、日本の変貌についての見方は、他の日本研究家と異なっている。ライシャワーのアプローチについて具体的に探ってみよう。

日本のイメージは「サクラ、芸者」から「東洋の神秘の国」、そして短期間で一躍「経済大国」へと変貌したといえる。1968年ごろから世界の人びとが日本に目を向けるようになってきた。

当初、日本について欧米に紹介した多くの文献、例えばペリー提督も参照したというケンペルの『日本誌』や、W・E・グリフィスの『ミカド――日本の内なる力』、ラフカディオ・ハーン（小泉八雲）の『日本―― 一つの解明』、『霊の日本にて』といった書物は、多分に固定的な視点で記述されていた。研究対象は、主に日本の特異性、神秘性などをモチーフにした歴史書、文学作品や美術、伝統芸術作品であり、マルコ・ポーロ以来の「ジパング」や「はるかなる神秘の国」が表すようなステレオタイプがみられた。

ところが、1970年以降急速に工業化し、経済大国にのし上がると、日本を見る海外の目は一変する。長い鎖国の封建時代から見事に近代化し、経済成長をとげた日本、敗戦の痛手からも不死鳥のごとく蘇りまたたく間に復興を遂げた日本という国の深層に迫ろうと、あらゆる視点からの研究が求められるようになってきた。従来の「源氏物語」などの東洋学の枠組みから、よりグローバルでかつ学際的な視点に基づく社会科学的（経済学、政治学、社会学、文化人類学、歴史学、心理学、行動科学などの分野）アプローチへと研究の領域が拡大していったのである。こうした時代の要請に応えた研究者がライシャワーであった。ライシャワーの研究や著書の特徴を分析すれば、次の4つのジャンル（まなざし）に要約できる。

1. 異文化／日本文化理解へのまなざし

従来も、多くの外国人が、日本に関して学術的、もしくは実務的立場からさまざまな事柄を述べ、紹介してきた。しかし、ライシャワーの場合には、これまで欠けていた巨視的な角度から幅広く日本と日本人をとらえ、文化相対主義論（「文化には優劣はない」というコンセプト）に基づいて客観的かつ正確に日本の姿を紹介しており、歴史的日本と今日的日本を見事に結びつけている。

そして、日本の人びとにとっても、立ち止まって日本社会の姿や現状、歴史を見つめ直す機会、そして未来を考えるヒントを与えてくれる。

さらに、日本社会や文化価値、日本人の考え方や深層心理、行動パターン、日本人の特性などを異文化の人たちに説明し伝える際に大いに役立つのだ。

2. 日米／アジア／国際関係へのまなざし

それは同時に、ライシャワーの研究の深さと、幅広い分野で培われた学識の豊かさに支えられた視座である。教え子のピーター・グリーリーは「ライシャワーの学問領域は、他の学者とは違い研究領域の幅が広い（broad)。また、同氏の日本の歴史への視座は、これまでの日本や欧米の歴史研究家より広い」と指摘する。

グリーリーはこうも語っている。

いろいろな意味で、ライシャワー先生は私の師匠であり、模範（ロール・モデル）でもあり、また先生は私の友人でもありました。先生は20数年前に他界されましたが、私は先生の足跡を時折想起しており、今は亡きライシャワー先生の遺志を忠実に受け継いでゆきたいと思っております。
In many ways, Reischauer was my sensei, mentor, my role model, and friend and even though he has gone for twenty years, I still think about him often and I try always to follow as faithfully as I can in Reischauer sensei's footsteps. (Peter Grilli on *Reischauer Talk* in Sapporo at Reischauer Memorial Conference, October 16, 2010 at Sapporo University, Hokkaido in cooperation with the American Consulate General, Sapporo, Japan & the America-Japan Society of Hokkaido)

日本で生まれ、日米文化（青年時代の留学先は、フランスと中国と日本）を体験していた事もあり、ライシャワーにはバランス感覚を持って複眼的に異文化を観察できる素養が幼い頃から備わっていた。それは、一時的な短期滞在やフィールド・ワーク、単なる机上の理論からでは得られない種類のものである。

また、歴史学者でありながら、駐日大使という外交官を務めた経験、国際政治や国際関係に携わった経験が大いに生きているといえるだろう。

3. 日本／アジア研究者としてのまなざし

さらに、知日派であると同時に日本への愛着を持った親日派として日本を観る眼や洞察力の確かさが指摘できる。例えば、同氏のベストセラーとなった『ザ・ジャパニーズ』（改訂版は『ザ・ジャパニーズ・トゥデイ』*The Japanese Today*）は、日本の地理、歴史、社会、政治、日米関係と国際関係、グローバル化などトータルな視点から日本の事情や、過去・現在・未来を浮き彫りにした日本研究の金字塔と評することができるだろう。特に、この書は歴史的日本と実社会とを見事に両立させている。

また、『円仁』、『ベトナムを越えて』、『転機にたつアジア政策』、*East Asia*（ジョン・フェアバンク、アルバート・クレイグとの共著）といったアジアに関する著作を通じ、ライシャワーは地政学的な視点と洞察力をもって問題点を指摘し、改善策や紛争処理法を提言している。

4. 外交官／政策者としてのまなざし

駐日米国大使として、政策者として、ライシャワーは世界における日本の姿と日本の果たす役割を示唆してくれる。また、日米の目前の利害を超えた世界平和をも見据えている。日本の戦後史や日米関係の成り行きを世界の近代史の中で捉え、日本とアメリカ、加えてアジア太平洋地域との関係を調和させて、交渉によって世界の均衡をもたらすことが外交の役割だという持論の持ち主であった（*The Broken Dialogue with Japan* や *Transpacific Relations* を参照）。入江昭の言葉を借りれば、ライシャワーの歴史観はリベラル史観と呼ぶことができるだろう。国家主義的な保守主義や、マルキシズムに見られる過激主義の歴史観とは違い、文化や国境を越えた人と人とのコミュニケーション、自由主義的な経済関係を重視しており、リベラルな勢力が各文化で発展することが世界平和につながるという思想の持ち主であった。

とにかく、ライシャワーの日本に寄せる関心は広く深かった。日本から観た世界、世界から観た日本、国家間・異文化間の問題提起と紛争解決法などを、巨視的かつ切実な視座から論じていた。

私は多くの日本に関する本を手掛けてきたが、おもに対象にしたのは西洋の読者、とくにアメリカ人でした。説明にあたって心がけたことは、読者には歪められた視点による日本や日本人ではなく、包括的で客観的な手法に基づき語られる日本と日本人を知ってもらいたかったことです。〈中略〉今でも私は、様々な人種が入り混じっているアメリカに驚き、エキゾテックなものを感じますが、日本人の単一性の特殊性を見ても別に何とも思いません。複雑怪奇なアメリカではなく、日本を理解し紹介する仕事を得たことは幸運なことであり、感謝せずにはいられません。[46]

ライシャワーは、アメリカや欧米、その他の世界の人たちにとって、日本の歴史や実状を知り理解することがいかに大切であるかを伝えようとしていた。同時に、日本の人たちにも世界の人たちが日本をどう見ているのか、どう映っているのか、また世界に対してどのような役割や使命を果たせるのかということを認識してもらいたかったといえる。

日米両国は世界史を見ても例のない関係で結ばれています。文化や伝統面においても全く異なる２つの国が大洋を越え、密接な関係を維持してきているわけであります。時には、両国ともに困難な問題に直面することもあるでしょう。しかしです。日米は民主主義、個人の自由、そして平和を育むという共通の理念で結ばれていることから、相違点や難問に対してもお互いに知恵と良識を持って取り組めば、いかなる問題も解決できると確信しております。[47]

日本が他の先進諸国（G7）とは文化的にも人種的にも異なるという理由から孤立すれば、それは世界にとってもマイナスであります。そうなれば、世界が直面する様々な問題を解決することすらできなくなるでしょう。（*Japan's World Role in the 1970's*）[48]

ライシャワーは大使時代に常々日本の人たちが平和を愛し、民主的な社会を形成して、他のアジア諸国の指針となる事を願っていた。

国際間の理解とは、受け身的な一方通行ではなく、充分な相互の意思伝達にもとづく双方通行的なものでなくてはなりません。平和で繁栄した秩序ある世界を構築するためには、日本の役割は大きいのです。[49]

私の外交官としての生活は大変興味深く、周囲の人たちが想像する以上に教授時代のものと似通ったところもあります。実際に私は相当量の時間とエネルギーを日本のことを各界のアメリカ人に伝え、またアメリカの実状を日本の皆さんに伝えることに費やしているのです。時には、日本のことや日本の歴史について、日本の人たちの集まりで話すこともあります。[50]

この一世紀の間、日本はどの国よりもアメリカに対して密接で、友好的であったといえるでしょう。一方、アメリカの対日関係は西欧以外の他のどの国よりも密接であり、多くの分野においても重要でありました。[51]

そして、日本の役割について次のように述べる。

日本の経済的繁栄と国際問題における日本の役割は、いかにして世界との意思疎通を行うかという日本の技量にかかっていると言えましょう。[52]

「平和運動」を軽々しく口にする人がおりますが、永久的な平和を確立するためには、まず何よりも相互の理解という基盤がなければなりません。この意味で（外国語教育に携わっておられる）皆さんは、真の平和運動に寄与されていると言えます。[53]

特にライシャワーは以下のように強調した。

世界平和についての強固な姿勢とある程度の経済的な利益の犠牲が求められるでしょう。
It will require a bolder stance on world peace and sacrifices of some economic advantage.（An interview with Reischauer on Aug. 29, 1989）

日本の声が世界の諸問題に対して不当に小さく思えてなりません。日本は重要な国で先進国であるにもかかわらず、世界に向けて発信する日本の声は、あきらかに小さいといえます。
Japan's voice might be said to be unduly small in world affairs. For a nation as important as Japan and advanced as Japan, the voice with which Japan speaks to the rest of the world is smaller than it should be.（*A Speech on The English Language & Japan's Role in the World*, Nov. 17,

1961 at the 11th NFPETO, Tokyo)

また自国アメリカの世論と政治家には、アジアに対しての外交政策と異文化対応について、『ベトナムを超えて』『転機に立つアジア政策』以外の著書 *Transpacific Relations* の中で、日本の用語を使って次の提言を行っていた。

アジアに対し力（武力）で統括したりすることはできないことを認識すべきです。アジアに対して自分たちの意とする事を伝え、理解を得たいのであれば、日本語で言う「低姿勢」の態度で臨み対応する事が必要です。[54]

ライシャワーは大使辞任後、自由な立場からアメリカのベトナム戦争とアジア政策に対して、建設的であると同時に歯に衣きせぬ批判をスタートする。日本の人たちの期待は、結果的には誤っていなかったのである。

アジアに対して、もう一度他の日本語の比喩を用いて説明しますと、アジア政策や問題に関しては、ボクシングのような激しい殴り合いで相手を打ちのめすのではなく、柔道のスタイル、つまり心・技・体を用いて相手の強みや弱みも見据えながら対処する方法を見出すことが必要ではないでしょうか。[55]

ライシャワーは、人類全体のおかれている地球的規模の現実問題（教育問題や地球温暖化などの環境問題）に対して鋭い観察力を持っていた。また、それらの問題の危機を乗り越えるために、われわれが持つべき心がまえと意識の改革について次のように指摘したことがある。

残された時間は限られています。しかし、重要課題は大きいです。その課題の問題点を究明し解決策を見つけ出すことができるか否かは、世界の国々の中でも特に強固な国、例えば日本やアメリカなどの肩にずっしりとかかっていると言えるでしょう。[56]

エピローグ

1966年7月にライシャワー大使辞任のニュースが流れた日、新聞各紙は「知米派の人たちは、こぞって彼の功績を伝え辞任を惜しんだ」と報道した。例えば、朝日新聞は同年7月27日の社説「日米間の対話」で以下のように書いている。

> 本国の立場を日本人に理解させようと努力する外交官は少なくない。日本人の考え方を日本の風土に根ざした心情にまで立ち入って理解し、分析し、これを本国の政府のみならず国民にまでわからせる努力をすることは、これまた外交官の任務であるが、そこまでできる人は数えるほどしかいない。ライシャワー大使はその中でもまれな一例であった。よき対話は意見の相違を超えた人間の善意の信頼を土台とする。ライシャワー大使によって初めて築かれた日米対話の前例が、ジョンソン新大使の下で、日米関係の1つのよき伝統として育ってゆくことを期待したい。

ライシャワーの関心は常に日米の友好と親善であった。近年、知日派の日本研究者や学者の数が増えているが、中には親日派ではない研究者も存在する。ライシャワーの場合は知日派であると同時に親日派の学者であった。ただし、ライシャワーは親日派の中でも漸進的な発想や考えをもち現実を直視できる学者であった。アルバート・クレイグによれば、「ライシャワーは理想主義的な学者ではなく現実主義の学者であり、かつ、研究室に閉じこもって文献研究をする学者（an armchair Professor）ではなく現実問題を分析し解決方法や処方箋を見出す能力を備えた問題解決型の学者であった」という〔57〕(2015年5月20日インタビューより)。

また、ライシャワーは、日米関係を世界の2ヵ国間、または異文化・国際関係のモデルとして捉えていた。特に傾注していたのは、リーダーとフォロワー、勝者や敗者という占領時代のメンタリティを取り除き、戦後の日米を対等で尊敬し合える関係に変えることであった。ケネディ政権の際には外交面での成功が多かった。しかし、ジョンソン政権下では、ベトナム介入に反対し米国の右派から批判を受ける。他方、大使在任中にはその擁護を背負わされ日本の左派から批判を受けることになる。もし自分が大使を辞め米国政策批判に回れば、ライシャワー大使も反対なのだとして日本の反米世論の風潮が高まるのを恐れたからであろう。

同時に、駐日米国大使在任中から、沖縄本土返還の下準備をするなど幅広い活動や交渉を行う。1981年5月「原子力で動く米国艦船の日本領海通過や基地入港は、日米両政府に口頭了解がある」との発言（通称「ライシャワー発言」）は日本国民に衝撃を与え、国会でも議論となった。米国政府は、あくまで「寄港」（transit）であり、陸上への「持ち込み」（introduction）ではないと主張した。

> The U.S. aircraft carriers installing nuclear missiles had visited Japanese ports frequently for the purpose of transit. （E. O. Reischauer）

なお、ライシャワーは自著『ザ・ジャパニーズ』の中で「1964年にいたり、原子力潜水艦の在日海軍基地への入港がやっと認められた」と述べている。しかし、日本政府の見解は「持ち込みは許可していない」であった。これは、あまりにもセンシティブな問題であったため、日本語と英語において多様な解釈がなされ「意味論」論争が続いた。2000年5月、核持ち込みの密約を裏付ける米公文書が報道で明らかになる。2006年2月、元外務省の吉野文六北米局長が沖縄返還に関する密約の存在を証言する。

1つ言えることは、国益がぶつかり合う外交交渉では、一定期間、表に出せない機密はつきものであり、米側が認めた日米安全保障をめぐる密約の存在を、あくまで否定する日本政府の説明は限界にきているということだ。ちなみに、日米だけではなく米ソ間については、ロシアに残っている密約もあれば、消えたものもあるという。国際的な約束として明確に引き継がれなくてはならないものは、国際法でいう「条約協定」(Treaty)のたぐいであることは確かだろう。

話を戻そう。ライシャワーは晩年の1980年代から1990年頃、日本の貿易黒字など経済摩擦をきっかけに米国内で「日本異質論」、「ジャパン・バッシング」が猛威を振るっていた時代に、修正主義者(リビジョニスト)や左派の過激な学者から、「日本びいきで日本に甘い」というバッシングを受け、その矢面に立たされる。

一部の論者によれば、1980年代初めは日本資本が建物や不動産購入に向けられており、まだ「古き良き時代」であった。しかし、その後は米国の大学や財団、研究機関への拠金や寄付金行為を通してアメリカの心を買おうとロビー活動を展開した日本の企業や組織・団体が台頭し始めることになる。1987年、アメリカ対外債務はメキシコとブラジル両国の合計を上回り、アメリカが外国の投資家に支払う額は50年ぶりに在外資本からの収入を超えてしまった。一方、日本は世界最大の債権国となり1人当たりの国民総生産（GNP）でアメリカを抜くことになる。企業人の中には、「アメリカ産業からは学ぶものはない」とうそぶく人まで出現した。謙虚さを失った日本の経営は、次第に限界を迎えるようになり、「神の見えざる手」に従って、日本はバブル崩壊という結末に直面する。バブル崩壊後、日本政府と企業は技術革新（イノベーション）の戦略を欠いた。そして、世界経済と国際情勢にも変化が起こる。

日本のバブルがはじけ、1990年にイラクがクウェートに侵攻すると、日本を最大の脅威と見て、ライシャワーの日本観をソフトと嘲笑していたカレル・ヴァン・ウォルフレン、米国季刊誌『アトランティック・マンスリー』編集者のジェームス・フォアローズ、ロバート・ホワイトニング等の主張は忘れられることとなった。

日米という2つの祖国の事情と文化に通じていた分、ライシャワーが抱えていた心理的葛藤は、われわれが想像する以上のものであり重かったといえるだろう。彼は、日米関係の危機には特に心を痛めた。

駐日米国大使時代より、日米のあらゆる層の人々と接し、日米安保、ベトナム戦争という厳しい時代に、日米の相互親善と理解、それに異文化間の理解を深めるために生涯を捧げたE・O・ライシャワー。日米関係はむろん、国際関係もこうした先人の覚悟の上に成り立っていることを次世代の若者達には忘れずにいてもらいたい。

2015年、日本は戦後70年という節目の年を迎えた。現在の日本や世界においては、多様性を排除しようとする動きがみられる。多様性をうまく受け止められないため、マイノリティへの憎悪感情が生まれ、それがヘイトスピーチとなって社会を侵食している例もみられる。一方、身の周りに多様な文化や人々が存在するにもかかわらず、そのことに対して無関心な人々も増えている。異なる価値観を持った他者への無関心や無理解は、偏見や差別を生む。自分たちとは違う「異質」なものを攻撃したり、存在しなかったことにしたりする状況は加速するばかりである。

こうした社会状況のなか、我々は異文化を理解するとはどのようなことであるか、今一度学びなおす必要があるだろう。多様な文化的背景をもつもの同士がいかに共生していくのか、そのために何をすべきか、ライシャワーを通して学ぶことは多い。

本書では、ライシャワーの明快で、平易で親しみやすい言葉を選び紹介した。彼の言葉は時代と時代の精神をも表しており、四半世紀を過ぎた今でも色濃く生きているので、１度はふれておきたいものばかりである。

加えて、ライシャワーがいかにして、日本と国際社会との風通しをよくするために、世界における日本の存在感と役割を強調し、日米関係を一つのモデルケースとした異文化との関わり合い方や親善の意味を伝えようとしたのかを知ってもらいたい。さらに、英語学習にも役立ててもらえれば幸いである。

そばと和食が好物で、「きゅうりとナスは日本のものに限る」と言い切るほどの日本食通だったライシャワー。すべてが日本と世界の歴史とともにあるような一生だった。

エドウィン・O・ライシャワー年表

《1910年10月15日～1990年9月1日》

1910年　10月15日父オーガスト・カール＆母ヘレン・オーガスト・ファーザー・ライシャワーの二男として東京市芝区の明治学院内宣教師館で生まれる。兄弟は兄ロバートと妹のフェリシアの二人。フェリシアは耳に障害をもっていたため、母ヘレンは日本で初の聾話学校（日本聾話学校）を設立する。

1916年　東京のアメリカン・スクールに入学。宣教師であり明治学院でも教鞭を取った父、オーガスト・ライシャワーの仕事の関係で、16歳まで日本に在住。

1918年　父オーガストが新渡戸稲造や安井てつの協力を得て、東京女子大学を設立する。

1927年　東京のアメリカン・スクールを卒業。オハイオ州オバリン大学入学。オバリン大学平和協会会長を務める。

1931年　オバリン大学卒業後、ハーバード大学大学院歴史学研究科に入学。

1932年　ハーバード大学大学院にて修士号（MA）取得。

1933年　ハーバード燕京研究所フェロー奨学生としてパリ大学留学。日本研究を深める。ヨーロッパ各地を旅行する。その後、北京、京都にも留学し学者の道を歩む。なおパリで留学中のエリノア・アドリエン・ダントンと知り合い婚約する。

1935年　シベリア横断鉄道にて8年ぶりに日本訪問。日本の女子校で英語の教鞭を取っていたアドリエン・ダントンと東京で結婚。その後京都と北京に移り住む。

1937年　ライシャワー夫妻、円仁研究のため朝鮮を訪問し、その後北京在住。

1938年　アメリカに戻り、ハーバード燕京研究所で博士論文を執筆。

1939年　円仁研究の博士論文を完成し、ハーバード大学大学院にて博士号（Ph.D.）取得。セルゲイ・エリセーエフ主任教授と共同で日本語の講座を始める。

1941年　国務省極東課に一時勤務する。

1942年　陸軍通信隊に依頼され、首都ワシントンで翻訳者と暗号解読者を養成する学校の組織化と運営に従事する。

1943年　陸軍参謀部GⅡで少佐として日本軍発信の暗号電報の情報分析を行い、中佐に昇進。第2次大戦中は、米国国務省・陸軍省で対日政策、占領政策の立案などに関わる。

1945年　国務省極東部長の特別補佐官として入省。

1946年　ハーバード大学に戻り学究生活を再開。東アジア研究、特に日本研究の第一人者として多大な業績を上げた。

1950年　ハーバード大学極東言語学部の教授に昇格。

1952年　マサチューセッツ州ベルモントへ移転。

1955年　妻アドリエンが長年患ってきた心臓病悪化のため他界。ハーバード大学燕京研究所の次期所長に内定していたため、三人の子供たちと共に日本へ赴き、東アジア各地を訪問する。

1956年　松方正義首相の孫娘で外国新聞クリスチャン・サイエンスの記者等をやっていた松方ハルと東京で再婚。ハル夫人はアメリカン・スクールを卒業し、米国プリンシピア大学留学後、外国人記者クラブ初の日本人記者として知られていた。

1957年　オバリン大学より名誉博士号を授与される。

1960年　ハーバード燕京研究所長として、東アジア各地を訪問する。

1961年　4月ケネディ政権下で第17代駐日米国大使に任命され日本に赴任する。以後1966年7月の離任まで約5年にわたり、日本のあらゆる階層の人々と対話を継続する。

1964年　19才の少年に包丁で腿を刺されるという「刺傷事件」に遭遇し、虎の門病院に3週間入院。退院後はハワイで療養したが、陸軍病院に再入院し2ヶ月間の入院生活を送る。

1966年　駐日米国大使を辞任。古巣のハーバード大学へ戻り学究生活を開始。ハーバード大学より「特別功労教授（University Professor）」に任命される（当時でも7〜8人しかいなかった特別功労教授は、自由に研究でき、好きな講座を持てるという、ハーバード独自の名誉あるポスト）

1967年　世界のアジア研究を変えた社会科学が基礎となった講座で、通称「たんぽぽ講座」を再開。日米関係の緊張を反映し、ハーバード大学の人気講座となる。

1970年　ライシャワーがナレーターを務めた日本紹介のCBSテレビのドキュメンタリー「*The Japanese*」がエミー賞受賞。アメリカにおける「日本ブーム」のきっかけとなる。

1975年　日本学士員の客員に指名される。国際交流基金賞を授与される。

1977年　ハーバード大学出版会より、『ザ・ジャパニーズ』が出版され、日米両国でベストセラーとなる。

1981年　ハーバード大学を定年退職。

1983年　ハーバード燕京研究所の理事長を辞す。

1989年　ハル夫人と共に最後の日本訪問。テレビ北海道（TVh）開局記念特別教育番組『ライシャワーと北海道』に出演。

1990年　9月1日、カリフォルニア州サンディエゴ郊外のラホヤ市のスクリプス病院で、遺書を残し「尊厳死」第一号となる。家族に見守られ惜しまれつつ他界。国際社会における日米関係の重要性を説いた、日本の良き理解者であった。10月19日、「ライシャワー博士追悼式」がハーバード大学で行なわれた。10月29日、「ライシャワー博士追悼の集い」が東京のホテルオークラで行なわれた（社団法人日米協会、在日アメリカ合衆国大使館、日本ハーバードクラブ、財団法人国際文化会館主催）。

あとがき

1989年の夏、編著者がマサチューセッツ州ベルモントにあるライシャワー邸を訪問した際、並びに1989年9月にライシャワー教授がハル夫人を伴って北海道に一週間ほど講演旅行に来道された際、講演の合間やテレビ番組収録の休憩中に快くインタビューに応じて下さったライシャワー教授。彼の言葉の多くは、その時の記録に基づくものである。また、ライシャワー教授に関しての功績、その他の事柄については、長年親交のあったライシャワーの愛弟子でハーバード大学の歴史学者のアルバート・クレイグ教授、ライシャワー研究所で長年ライシャワーの秘書を務めたナンシー・デプチューラー氏、社会学者のエズラ・ボーゲル教授、スーザン・ファー教授、ライシャワーの教え子でボストン日本協会顧問のピーター・グリーリー氏、ライシャワー教授の助手を務めたCenter for American Progress研究所上級研究員のグレン・S・フクシマ氏等から伺う機会があった。

ライシャワー邸を案内下さり写真資料等を提供下さったウィ

リアム・ハント氏（ボストン日本協会会長）、また、ハーバード大学図書館、ハーバード燕京研究所図書館、古文書図書館のテォモシー・ドリスティル氏、故ロジャー・フィッシャー交渉学教授、その他関係者、並びにオバリン大学図書館関係者にも文献検索と写真提供でお世話になった。また歴史学者の入江昭教授には外交史の講義と資料等でお世話になった。感謝申し上げたい。加えて、前駐米大使で全国日米協会連合会（NAA-JS）会長の藤崎一郎氏、並びに全米米日協会連合会会長（NA-JAS）のピーター・ケリー氏や関係者にもお世話頂いた。とくに藤崎会長からは、本書に対し「ライシャワー大使を想う」のお言葉を賜った。厚く御礼申し上げたい。本書の刊行と編集にあたっては、「ゆまに書房」関係者に大変お世話になった。改めて謝辞を申し上げたい。

2016年春

御手洗昭治　小笠原はるの

参考資料・英語原文

［1］ You have to learn another language in order to communicate with other people, whether abroad or even in Japan itself. Successful communication, however, is not merely a matter of finding suitable equivalents of our words. Beyond this it requires an adjustment to the ideas in the mind of the other people.（A Speech on *The English Language & Japan's Role in the World* at the 11th Annual Conference of the National Federation of Prefectural English Teachers Organizations, Tokyo, Nov. 17, 1961）〈p. 17〉

［2］ Communication, thus, should be established at all possible levels, but we should also remember that, regardless of the level, communication must go in both directions to be truly effective.（*Wanted: An Asian Policy*, N.Y., Alfred A・Knop, p. 231）〈p. 18〉

［3］ In the historical context in which we live, there is probably more for the West to communicate to Asia just now than there is to be communicated in the other direction. This is something that we Americans should be able to accept with realistic modesty, for it was not long ago that the United States stood in its relations to western Europe in somewhat the same position that Asia now occupies in its relations with the west. 〈p. 18〉

[4] Proportionately, however, there is a greater need to expand and improve communications more from Asia to the West than in the reverse direction. (An Interview with E. O. Reischauer, Sep. 8, 1989) 〈p. 18〉

[5] I think it's quite true that we have to redouble our efforts to have communications, and successful communications of all sorts. Now communication can be done in three ways. What you are trying to do is to learn about other people's attitudes and attitudes towards you, so that you can have an understanding of them, and then they can have an understanding of you. [On acquiring international mindedness,] You do it three ways: one is to travel, but that is often quite superficial. One doesn't really become a "kokusaijin (an international minded person)", as it were, just by traveling around. It's helpful, but not the most important thing. The

second major important thing is education. I think we can do this more in our universities and in our lower schools. (TVH Program on *Reischauer & Hokkaido* on Oct. 1, 1989) 〈p. 18, 19〉

[6] Japan is recognized as an economically dominant power, but it is not well understood and is felt to be uncommunicative and hold itself self-consciously apart... (*The Japanese Today*, pp. 408-409) 〈p. 19〉

[7] Now they are concerned about successful communication and cooperation with the other people of the world. If world peace crumbles, Japan will collapse with it. (*Japan and the World*, pp. 408-409) 〈p. 19〉

[8] In developing knowledge and understanding between peoples, private citizens, of course, are probably more effective than governments. My own experience convinces me that in the informational, cultural, and intellectual fields, private citizens can do anything the government can, only better, and there are many useful activities they can perform that the government is barred from. (*Beyond Vietnam*, p. 225 & p. 298) 〈p. 26, 27〉

[9] It has been a good life for me personally... My upbring-

ing in Japan, my worldwide travels as a student, my three separate periods of teaching at Harvard, my government service in Washington, in the army, and at the Embassy in Tokyo, and my extensive writing and speaking have all centered upon better understanding between the United States, Japan, and the rest of East Asia. More broadly speaking, all phases of my life have been focused on world peace and understanding.（*My Life between Japan and America*, p. 353）〈p. 30, 31〉

〔10〕 The answer was twofold: train a much larger body of Asian specialists and educate the American public…it's a huge jump from the broad wheat fields of Kansas to the narrow paddies of the Philippines. He warned that we must develop a far larger and decidedly more expert body of specialists in whom the rightly suspicious average man can put more trust, but at the same time we must also develop a far more understanding general public. This is a stupendous task. It was precisely the task that Reischauer had set out for himself at Harvard.（George Packard, *Edwin O. Reischauer*, p. 115）〈p. 32, 33〉

〔11〕 If my mental powers have deteriorated greatly and

there is no reasonable hope that they can be restored, or if I am in great suffering and there is no reasonable hope that this can be significantly alleviated, I do not wish to have extraordinary measures taken to prolong my life. Upon my death, I wish to be cremated, and I direct that the ashes be disposed in a convenient manner. 〈p. 33, 34〉

[12] After my death, I prefer that there be a funeral or flowers, and that if a memorial service of some sort proves necessary, such a service be arranged in a way that causes no strain on my wife, or any other members of the family. 〈p. 34〉

[13] Back at Harvard on October 19, 1990, a memorial service was held, with Benjamin Schwartz, McGeorge Bundy, Marius Jansen, Albert Craig, Nancy Deputula, and John Fiarbank offering moving tributes. (George Packard, *Edwin O. Reischauer*, p. 280) 〈p. 34〉

[14] I never got around to writing a comprehensive history of Japan, beyond the various short accounts I essayed. I have never attempted a balanced world history that would be more satisfactory than the still largely Western-oriented works of Spengler, Toynbee, and William H. McNeil. (*My Life*

between Japan and America, p. 355) 〈p. 38, 39〉

[15] Through his [Reischauer's] writing on Japan's history and culture, he established a core narrative that would give future scholars a sound launching pad for further study. (*The Story of a Nation*, p. 277) 〈p. 39〉

[16] The Japanese are far more united on basic matters than they seem to realize. There is overwhelming support for a peaceful role for Japan in the world and for a just international order under the United Nations. (*Beyond Vietnam*, p. 120) 〈p. 40〉

[17] In the West 'international' has always stood in contrast to 'national'. It suggests understanding and cooperation between different lands rather than isolation and narrow self-interest. It gives a promise of peace among countries and harmony based on international law and institution. (*The Meaning of Internationalization*, p. i) 〈p. 41〉

[18] Many Japanese think it [internationalization] means the Westernization of Japanese lifestyles and values. [...] When I speak of internationalization, I do not mean the changing of external life styles but the development of internal new attitudes.... (*Ibid.*, p. 14) 〈p. 43〉

[19] Many young Japanese are willing to cultivate English-speaking acquaintances for the help they can be in language learning, but they avoid Koreans and Chinese who live in Japan in much greater numbers. This is a serious mistake. To learn what Koreans and Chinese think is an important first step in getting away from a purely Japanese-bound point of view and developing a more international outlook on world problems. [...] We should not forget that the greater part of most Japanese traditional culture has close parallels in the neighboring lands of China and Korea... (and has been influenced a great deal by China and Korea.) (*Ibid.*, p. 32) 〈p. 44〉

[20] The next generation clearly will need more knowledge and understanding about the rest of the world and a greater sense of world community than the present generation of leaders possesses. (*Towards the 21st Century*, p. 193) 〈p. 47〉

[21] We must make an effort to focus education, not just on the transmission of past knowledge and skills, but on the problems that appear to be unfolding ahead of us. We seem to be entering a new stage in history in which we must make a conscious attempt to structure formal education so that it

better prepares the younger generation for a fast-changing future. (*Ibid*, p. 16) 〈p. 47〉

[22] Adequate international understanding and a sense of world citizenship will require a lead time of a full generation or more—some years to restructure education and then two decades for its products to mature into responsible and influential citizens. (*Ibid*, p. 194) 〈p. 47〉

[23] All education has an aspect of personal enrichment. A person learns another language in order to enrich his life. By learning English he has opened a door to the whole field of English literature in its original form. This enrichment of his life, a very worthwhile objective. 〈p. 48〉

[24] The younger generations are decidedly more internationally minded than their elders. They generally roam the world. They feel themselves part of worldwide youth movements. They accept the differences of the outside world with ease. (*The Japanese Today*, p. 412) 〈p. 49〉

[25] Young Japanese are quite often different. They seem almost a new breed, unconsciously, contradicting many of the old stereotypes. They are largely free of the old prejudices and fears. [...] They are avid for experiencing life abroad.

They approach other people with easy openness.（*The Japanese*, p. 421）〈p. 49, 50〉

[26] It is refreshing to see Japanese teenagers come for summer visits to the United States and fit in, despite their linguistic disabilities, with no apparent sense of strangeness or self-consciousness. They are entirely ready to be members of an international society of shared interests and problems and seem no more separate or self-conscious than any other people in the world. (*Ibid*, p. 421）〈p. 50〉

[27] In discussing the internationalization of Japan, I have stressed three main interrelated points. You young Japanese need to know more about the rest of the world and also about Japan itself. You need to understand how Japan is part of an interdependent world and learn to feel yourselves to be world citizens. And you need to be able to communicate with the other peoples of the world. These are large undertakings, but I believe that you can achieve them in large part on your own if you really devote yourself to the effort. Your personal future and that of Japan and the world as a whole depend on how well you succeed in mastering these tasks.（*The Meaning of Internationalization*, p. 61）〈p. 50〉

[28] We must acquire new attitudes in relations between the races, between ethnic and religious communities, geographic regions, and groupings, and even between the sexes. (*Toward the 21st Century*, p. 9) 〈p. 54〉

[29] The historical and cultural gap between us and the peoples of Asia is far greater. None of the civilizations of Asia is closely related to ours, even though they have felt the influence of the West in recent years. (*Wanted: An Asian Policy*, p. 9) 〈p. 54〉

[30] In Asia at best, we are skating on a very thin ice of mutual understanding over deep and often unknown waters. [...] Asia is unquestionably the one we understand least well and therefore find most puzzling. (*Ibid.*, pp. 9–10) 〈p. 54〉

[31] The problem essentially is that our educational system remains geared to the political and cultural conditions of the nineteenth century. We educate our children only about ourselves and our own cultural heritage and then expect them to grow up and live successfully in a unitary world of many cultures. (*Beyond Vietnam*, p. 234) 〈p. 55〉

[32] By dealing only with the Western tradition, we unconsciously indoctrinate our children with the idea that all other

traditions are aberrant or not worth knowing. This may have been adequate for the nineteenth century when distances were great and the imperialist hold of the West on other regions made the Occident the only part of the world that really counted for us. Today, however, this approach to education is dangerously outdated, and it will get more unrealistic with each passing year. (*Ibid.*, p. 234) 〈p. 55〉

[33] Efforts at the college and adult education levels should, of course, be increased, but the fundamental need is to so modify elementary and secondary education that it prepares all our young people for life in the "one world" in which we live. (*Ibid*, p. 235) 〈p. 55〉

[34] A few outstanding secondary schools do have solid instruction on non-Western cultures, and some whole school systems are experimenting with additions to the curriculum for this purpose. A danger in the latter approach, however, is that the very fact that non-Western materials are 'additional' to the regular curriculum may confirm the belief among children that any culture other than our own does everything in strange and backward ways, and, therefore, is essentially 'barbaric'. (*Ibid.*, p. 235) 〈p. 56〉

[35] Our elementary and secondary education, 'backed up' by a lot of home conditioning, tends to convey a very misleading impression of the history of mankind, confirming false assumptions that the West is and has been superior to the other civilizations of mankind, and that its nineteenth century position of dominance over the rest of the world is natural and will continue indefinitely into the future. These are dangerous misconceptions for Americana to harbor in the second half of the twentieth century. (*Ibid.*, p. 235) 〈p. 56〉

[36] Many people have placed their hopes on a negotiated settlement. Obviously we should follow every lead that shows even the faintest possibility of taking us in that direction, and we should do whatever we can to increase the chances of negotiations. (*Ibid*, p. 6) 〈p. 58〉

[37] Reischauer: You mentioned the specific air routes agreement that I was very happy to sign with the Foreign Minister, Mr. Shiina, less than two weeks ago. Actually, I think that is a good example of how we can resolve our problems, because really the granting of the rights to New York and beyond was a very great concession on our part. Remember, we are a great continental country and not an is-

land country like Japan, and therefore, flying across our country is quite a concession. There are only two other countries in the world which have for very special reasons had this privilege in the continent and around the world. So I think we have made a great concession to Japan, which shows that maybe there is a great warmth of feeling rather than any coolness as you suggested in the economic field. (Fuji TV Vision Forum Series: *The Future of Japanese-American Relations* Jan. 8, 1966, Fuji TV Broadcasting Company) 〈p. 72, 73, 74〉

[38] I thought that the misunderstandings between Japan and the United States were based on insufficient knowledge of each other. To correct and overcome these are more important than reaching agreements. I used the term "Equal partnership" when I was ambassador. While it had been casually used before, I tried to make it popular and a central concept that both the United States and Japan would accept. 〈p. 75, 76〉

[39] Most gratifying to me is the strong, equal partnership the United States and Japan have forged. Since they are the greatest of the world's democracies, they stand at the heart

of a community of democratic nations. And since their partnership is the one great alliance that bridges major cultural and racial cleavages in the world, it is a model for a future world community. (*My Life between Japan and America*, p. 354) 〈p. 76〉

[40] When I was the American Ambassador in Japan, I tried to maintain a constant interchange of the ideas with the Japanese people close to 50,000 through occasional speeches, public discussions and articles, and through innumerable private conversations. (*An interview with E. O. Reischauer* on Dialogue with Japan) 〈p. 77〉

[41] Reischauer's new strong relations with the Kennedys promised even greater rewards and possibly greater influence over U.S. policy within the administration regarding Japan. (George Packard, *Edwin O. Reischauer*, p. 200) 〈p. 78〉

[42] We are prepared to discuss new proposals for the removal of tensions on both sides. We have no wish to war with the Soviet Union, for we are a peaceful people who desire to live in peace with all other peoples. (*Announcing Blockade of Cuba on the radio, "A Threat to the America"* Oct. 22, 1962) 〈p. 81〉

[43] The difference between the Stalin and Khrushchev regimes in the Soviet Union would suggest that a slow drift toward greater personal freedom is possible.... Hitherto the Soviet Union has utilized almost all of its increased productive capacities to bolster national strength, particularly in the military field, rather than to raise living standards, but recently some improvement has also come in standards of living and, if this continues, it is almost certain to further demands for greater personal freedom. If the drift toward democracy ever really starts, it will be greatly strengthened by the mutual human longing for freedom, which is probably as strong among Russians as among any other people. 〈p. 81, 82〉

[44] He had a passionate devotion to the search for world peace, which greatly influenced my own thinking. Among the courses he offered was one named "International Irenics," to my mystification of everyone, in which he reviewed the various concepts and plans for peace in Western thought. He [Professor Jaszi] was a compelling man, a philosopher, and a deep thinker who was perhaps the most profounded influence on my way of thinking. Under his inspiration, we found

the Oberlin Peace Society, of which I was the first President. (*My Life between Japan and America,* p. 36) 〈p. 85, 86〉

[45] Peace, of course, is more than the mere absence of war. Achieving peace also means eliminating starvation, poverty, violence, threats to human rights, refugee problems, global environmental pollution, and the many other threats to peace, and it means creating a climate in which people can live rich and rewarding lives. (Hiroshima Peace Declaration 1991) 〈p. 100〉

[46] I have written books and essays primarily for Western readers—mainly for Americans in order to correct their distorted and often biased views of Japan and the Japanese people. I wanted them to have balanced views of Japan and the Japanese people and observe things about Japan objectively...And even now I find much in the great diversity of our country that is surprising or even exotic. I cannot say the same thing about tremendously homogeneous Japan. I have often thanked my lucky stars that my metier has been to try to understand and explain Japan, not the vastly more complex and mystifying society of America. (An Interview with E. O. Reischauer & *My Life Between Japan and America,*

p. 4) 〈p. 111〉

[47] The relationship between Japan and the United States has no precedent in the history of the world. Never have two countries of such different cultural heritages joined together across a vast ocean to take part in so meaningful a partnership. The breath of our relationship means that new problems will always continue to emerge. However, the fact is that we share the same ideals of democracy, individual freedom, and devotion to peace, and so we can work out our differences using reason and good sense common to free people everywhere. (*The United States and Japan,* "Preface") 〈p. 111, 112〉

[48] And if the Japanese, basically because of their cultural differences from the rest of the advanced industrialized nations drift off, to be basically a separate unit, I just don't see any chance for the world handling problems of that sort in time. (*Japan's World Role in the 1970's* May 9, 1973) 〈p. 112〉

[49] Understanding in international relations is a two way street or possibly we should call it a two way tunnel through the mountain of misunderstanding. It requires hard work

from both ends. If the problems that lie in the way can be overcome, Japan could play an extremely important role in helping to create a peaceful and prosperous world. (*Japan's Future in a Changing World*) 〈p. 112〉

[50] My new life as a diplomat, however, is a very interesting one, and oddly enough there is more overlap with my professorial days than some might assume. Actually I find myself still devoting a good deal of time and energy to what I'd call teaching—attempting to explain Japan to Americans of all types and also attempting to explain the United States to Japanese. I even find myself called upon to talk about Japan and its history to Japanese groups. (E・O・Reischauer, *A New Look at Modern History*) 〈p. 113〉

[51] All in all, Japan has probably been closer and more friendly to the United States during the past century than to any other foreign country; while American relations with Japan have been closer and in most fields more significant than with any other county outside of the Western world itself. (A speech on *The Meaning of the Japanese—American Partnership*, Research Institute of Japan at Imperial Hotel, Tokyo, Oct. 5, 1961.) 〈p. 113〉

[52] Japan's economic well-being and her role in international affairs depend in no small measure upon her skill in communicating with the world. (A speech on *Living English in the World Today*, at Japan Association of Current English Conference at Keio University Oct. 12, 1963) 〈p. 113〉

[53] There are those who talk glibly about "peace movements," but, for a durable peace to be established, one needs first of all a fundamental basis of understanding. In this sense, you (foreign language teachers) are contributing to the real peace movement. (*Ibid.*) 〈p. 113, 114〉

[54] A better term might be the Japanese phrase "low posture." We cannot control the vast forces of Asia; we can only seek to understand them and then, when necessary, attempt to redirect their thrust. (*Transpacific Relations*, p. 88) 〈p. 115〉

[55] Again to adopt a Japanese metaphor, we should approach the problems of Asia in Judo style, not trading blow for blow with the forces of Asia, but adapting our stance as to let these forces work for us. (*Ibid.*) 〈p. 115, 116〉

[56] The time is short, and the needs are great. The task faces all men. But it is on the shoulders of people living in the

strong countries of the world, such as Japan and the United States, that this burden falls with special weight and urgency. (A Keynote Speech on *Man and His Shrinking World*, July 1, 1970 at the Osaka Expo, Japan). 〈p. 116〉

[57] He (Reischauer) was a realist—not an idealist. He always took realistic positions tackling issues and problems and tried to resolve them. He was not an armchair professor either. (An interview with Professor Craig on May 20, 2015) 〈p. 118〉

附　録

E. O. ライシャワー記念講演（1989年9月20日）

『アジア太平洋時代の交渉力』

（於　京王プラザホテル札幌、日本交渉学会主催）

ここで『交渉』並びに『交渉学』の重要性について述べさせていただきたいと存じます。先に申しましたとおり、私はこの分野の専門家ではありませんが、現代社会におきまして、どのようにしたらわれわれのまわりに渦巻く数々の難問題に対する意見を交換し、相互理解へと導いていくことができるかを学び、考え、研究することは、いかに大切であるかは十分承知しております。なぜならば、わたしたちが生きるこの世界は、抜き差しならぬ相互依存関係を前提としているからです。経済関係も複雑にからみ合っていますし、文化、教育におきましても同じことがいえるでしょう。少なくとも地球全体がひとつの世界となりつつあります。こうした世界では、交渉で課題を解決する粘り強い力が必要となります。

昔は今とまったく違いました。国家間の競争が紛争を引き起こし、ひいては戦争へと向かわせました。今では考えられないことですが、合意が見いだせないとこのようなことが起きたのです。

今日では大国間の戦争は自殺行為でしかありません。互いに深く結びついている現代においては、相互に大打撃を受け、共倒れを起こします。まさにMAD「相互確証破壊（Mutual assured destruction）」という言葉が示すとおりであります。

次に、この相互依存の世の中が昔と違うもう1つの大きな点は、国際関係や国際交渉においては、もはや単に「勝ち負けゼロサムゲーム」を決める状況ではないということです。互いに排他的な関係では誰も何も得られません。むしろ、互いに連携し、協力しあえば、よりよい関係を築くことができます。そして、それが成功したあかつきには、予想以上の発展を見出すことができ、これを怠ったときには、双方とも滅亡への道へと突き進みます。

私が大使時代、よく使い、世間に広めようとした言葉に「イコール・パートナーシップ」がありましたが、その当時はあまり真剣に受け取ってもらえませんでした。なぜならば、アメリカと日本は「対等」とみられていなかったからです。むしろ、日本はアメリカの追従者であり、対等なパートナーとは考えられていませんでした。さて、今はどうでしょうか。国際関係は大きく変わりました。誰もが、当たり前のように「イコール・パートナー」という言葉を受け入れているようにみえます。そして、それとともに、イコール・パートナーシップという言葉の持つ意味合いも、わずかながら変化してきているように思われます。以前は不均衡の世界ゆえに対等性を重視しておりましたが、対等な関係性が当たり前となった現在は、対等なパートナーシップに基づいて、国際協力を推進し、地球規模の課題の解決につなげてゆかなければなりません。

さて、私がいう「パートナーシップ」は、日米二国間のみを対象とするではなく、世界の国々とのパートナーシップを指しております。それこそがまさに今必要とされていることなのです。よりよいパートナーシップは、意見の相違に建設的に対処できるような関係の構築によって実現できます。これはすべての分野にあてはまります。

ではどのような場面で建設的な対話が求められているのか、主な領域をいくつか挙げてみましょう。

第一に、我々は国際的に共通するルールや秩序に従って生きています。例えば、船舶は海上でどのように行き来するのか、飛行機の航路はどのように確保されるのか、電子メディアによるコミュニケーションはどのようになされるべきか、ある国から別の国への旅行に対してどのように対応するのか、国際貿易における関税をどのように決め、それに関わる金融取引や特許権をどのように取り扱うべきか。こういった異なる案件で合意を形成するためには、交渉が必要となります。

第二の領域は、当然のことながら、相互の安全保障におけるパートナーシップの確立と国際平和の達成です。時間が経つにつれ、我々の意識も防衛から平和へとシフトしました。国家の防衛については見通しがつくようになったため、国際平和について考えるようになったのです。

第三の領域は環境問題です。我々は人類の未来を脅かす地球規模の環境汚染を抱えています。温室効果ガスが引き起こした地球温暖化は、もはや人類が地球上で暮らしていけないほどの打撃を与えようとしています。オゾン層が破壊されれば、人類の破滅につながっていくことでしょう。

第四の領域は、世界の先進国間の経済摩擦です。多くの人々が貿易不均衡の問題を挙げることでしょう。我々は相互理解と合意達成を目指して交渉し、この問題を解決しなければなりません。

五番目として挙げるのは、おそらくこれまでお話しした中で最も広範かつ重要な領域で、発展途上国に関することです。世界人口のわずか15パーセントにあたる先進国に富と権力が集中しており、世界の残りのほとんどを占める、途上国とのあいだに経済格差が生まれています。この結果、彼らは貧困にあえいでいます。今日、受け入れがたい状況です。この問題を解決する手段が見つからなければ、状況はますます悪化をたどるだけでしょう。それだけで人類の未来が崩壊する危険性があります。このように将来、広範囲に及ぶ影響をもつ比類なき問題に対して、我々はこれまで以上に協力し、交渉を合意に導くことが極めて重要です。

私は冒頭でも申し上げましたが、交渉分野の専門ではありません。が、互いの交渉力を高めるよう、よりいっそうの努力しなければならないことが3つほどあろうかと思われます。

まず、交渉を成功裏に終わらせるためには、高度な理解力と広範囲な視野を持ち合わせたうえで、対話による質の高いコミュニケーションを行わねばならないということです。ここで私が申します、「質の高いコミュニケーション」とは、メディアを自在に駆使するといったようなものではなく、対人コミュニケーションにおける言語使用を指しております。なぜならば、我々は同じ言葉でもって互いの発言を理解しあうことで合意に至るからです。通訳を通していたのでは、互いに相手の真意、核心部分に触れ理解することはできません。

われわれは世界一丸となって言語による意思疎通の向上に励まなければなりません。

しかしながら、次にここで強調したいことは、言語力そのものより、もっと関心を寄せなければならない大切なものがあるという事実です。それは、お互いを知り、お互いを理解し合う上で生じてくる非言語的な課題です。

まさに異文化の間に生じる社会習慣の相違、思考様式の違いにまつわる偏見、態度などを学び探求することです。われわれは、お互いに対する知識は十分に持ち合わせてはおらず、このことは現代において非常に危険であり憂慮すべきことであります。

繰り返しますが、今後われわれが豊かな未来を築いていくには、「文化の壁」を超えた「共感の哲学」の精神や方法を磨いていくことがよりいっそう重要といえましょう。

そして交渉力に必要なものとして、最後に挙げたいのが、他の人々（他民族）に対する新たなものの見方や態度を形成しようとする姿勢です。私は思います。われわれは、皆この地球村の一員であるという理念に基づき相互にもっと協力的態度を培わなければなりません。家族として、譲り合うべきときは譲り合い、折り合いをつけながら、合意形成を図っていくことが必要です。お互いの思いや願いを理解し、歩み寄ろうとする姿勢があるかどうかが、交渉の際、最も大事なことなのです。

The Age of Negotiation in the Asia-Pacific Region

by E. O. Reischauer

(Keio Plaza Hotel Sapporo Sept. 20, 1989)

I'd like to say a few words about the importance of negotiations. Even though I am not an expert, I can understand how important it is to the present day that we learn how to negotiate with each other, to exchange views and to reach understandings on the difficult problems that face us in this world.

Because this is a world of tremendous interdependence, we are all dependent upon each other to survive. It is a time of intertwined economic relationships. And not only economic relations, also cultural relations, and intellectual relations. The world has, at least, really become one and we have to have a great skill at negotiating with each other in this kind of a world. In the early ages, it was quite different from the way it is today. Countries could be basically in competition with each other and even in conflict. And in extreme cases, when they couldn't reach agreement on matters, they went to war with each other. Now, all this is impossible today. We cannot go to war without destroying ourselves completely, or between great countries, as it has often been said, it is just merely mutual suicide. The term invented to describe the situation we now live in is "mutual assured destruction (MAD)." Another great difference in this world of interdependence is the fact that international relations and negotiations are not as was once a zero sum game. That is, if one country wins, another country automatically loses. This is not the situation today as we see it all. We all can gain by cooperating together. If we fail to cooperate, we all lose together. There is no single sum that must be maintained. We can go above that sum and progress in the world or we can fall below it and go to destruction.

During the time that I was Ambassador, I used the term and tried to popularize it, of "equal partnership." It wasn't taken very seriously by most people at that time because they didn't feel equal between American and Japan. Nor did they feel very much like partners.

They felt more like a leader and follower in a quite uneven, unequal relationship. Well, now, this is all changed, and everybody accepts equal partnership as obviously the situation. The term has changed in its significance slightly. The emphasis used to be on the necessity of it being equal because people did not feel equal in the world. Now we do feel that. Nobody doubts the equality of the people. But now our problem is to realize that we are partners and must work together towards the achievement of a solution to the problems that the world sees.

When I speak of partnership, I no longer am speaking of just the bilateral partnership between the United States and Japan. I am speaking about partnership between all of the countries of the world and with all the other countries of the world. This is what is necessary.

An effective partnership can only be achieved through a constructive negotiation between each other and understanding that comes to an agreement on the differences of opinion that we may have. This is true in all the different fields in which we have relations today. Let me just enumerate very simply on the major areas in which we need to have this constructive type of negotiation going on.

We, have first of all, simply, the rules of living in the world's system of today—how ships pass each other at sea, how we share the airways for airplanes, how we share the air for our communications through electronic means, how we will travel from one country to another, and also how trade should be carried on: what tariffs should be like on monetary transactions, and our patents. All these different things need an understanding and these are achieved by negotiations.

A second area, of course, is a partnership in our mutual security in defense and in the achievement of peacekeeping throughout the world. As time goes on and the emphasis is shifting more from defense where we find ourselves much more secure than we once were to a problem of peace throughout the world which we all share the responsibility for.

The third area is the area of environment. We have the problems of global pollution which are threatening the future of mankind. There are specific things such as the greenhouse effect that might warm up the world to such a point that it becomes impossible for humanity to live here anymore. And we have such thing as the ozone layer which, if it were to be destroyed, might lead to a similar kind of destruction of mankind.

A fourth area and the one that is probably most prominently in the minds of most people is the problem of economic frictions between the industrialized countries of the world —the problem of trade balances of which we hear so much today. These are problems again that we have to negotiate and work on to achieve an understanding between each other.

A fifth and perhaps the largest of all the areas and the most important is that of the problems concerning the Third World. The great disparity of wealth and power between the fifteen percent of the world's population that constitutes what we call the first world, that is the industrialized democracies, and the relative poverty and huge populations of most of the rest of the world. This is an untenable situation today. It will get progressively worse if we do not find means to handle this problem. That alone might destroy the future of mankind. So, here is huge problem reaching far into the future on which we have to have a much more successful type of negotiation with each other than we have ever had in the past.

I said at the beginning that I am no expert in negotiations, but I can see that in the three major areas we have to work on in order to achieve a greater skill at negotiations between each other.

The first element that we need in order to achieve successful negotiations and understanding is better communications. And by that I do not mean simply better wireless communications, mechanical things of that sort. I mean the very simple thing of language. Because unless we talk to each other in the same language we do not understand each other really. We cannot get the heart of the meaning of the other person when the main idea always has to be translated through some other medium. And so we have throughout the world in all parts of the world a great need to develop our language skills. But more important than language itself and the methods of communication is the problem of knowing each other and understanding each other. And this is something much beyond language. This is really learning each other's ways of life, the basis of our thoughts, the basis of our prejudices and attitudes. We all have a lack of knowledge of each other that is very dangerous in the modern world. And we must do a great deal more to try to learn and understand and sympathize with other person's point of view, if we are to succeed in negotiations and to succeed in furthering further development of life in this world.

And a final element in the ability to negotiate is a matter of new attitudes towards each other. I think we have to have a much stronger attitude of cooperating with each other, of understanding that we are all human beings together on a small earth, and that we must make concessions from both sides as in a family. We make concessions towards each other, each side giving in to a certain extent so that we can reach an understanding and a meeting of the minds, a basic change in attitude is the most important of all the things needed for successful negotiations.

Thank you very much.

参考文献

AERA（アエラ）「『交渉術』が未来を開く：日本人はネゴ上手になれるか」（井原圭子、朝日新聞社、1994年、pp. 48-51）。

安宍和夫『食料難救いテロなくせ』（北海道新聞、2000年11月15日）。

有賀貞・木下尚一『概説アメリカ史』有斐閣、1983年。

有賀貞・宮里政玄『概説アメリカ外交史』有斐閣、1983年。

ボールドウィン、ケネス『永遠なる地球のために』（日本経済新聞、1992年2月14日）。

藤田忠『交渉力の時代』（PHP、1984年）。

古田暁他『異文化コニュニケーション・キーワード』（有斐閣、2001年）。

細谷千博、本間長世『日米関係史』有斐閣、1983年。

ゴードン、アンドリュー編『歴史としての戦後日本』（みすず書房、2001年）。

入江昭『新・日本の外交』中公新書、1991年。

入江昭『二十世紀の戦争と平和』（東京大学出版会、1986年）。

木村汎『ソ連式交渉術』(講談社、1966年)&『遠い隣国』(世界思想社、2002年)。
川田侃「経済的覇権と政策転換」『平和と安全――日本の選択』日本国際政治学会、1986年。
キーン、ドナルド(1990)「ライシャワー教授のこと」(『中央公論』11月号、VOL. 105, pp. 192-193)。
倉田恵介「コミュニケーション学の確立に向けて」『異文化コミュニケーション研究』(神田外語異文化コミュニケーション研究所、第14号、2000年3月、pp. 16-36)。
麻殖生健治『グローカル国際経営論』(ナカニシヤ出版、2003年)。
御手洗昭治『多文化共生時代のコミュニケーション力』(ゆまに書房、2004年)。
御手洗昭治編著・小笠原はるの著・ファビオ・ランベッリ著『多文化交流時代への挑戦』(ゆまに書房、2011年)。
御手洗昭治編著・秋沢伸哉著『問題解決をはかるハーバード流交渉戦略』(東洋経済新報社、2014年)。
御手洗昭治編著・小笠原はるの著『ケネディの言葉～名言から学ぶ指導者の条件～』(東洋経済新報社、2014年)。
岡田泰男・永田啓恭『概説アメリカ経済史』有斐閣、1983年。
大河原良雄『オーラルヒストリー日米外交』(ジャパンタイム

ズ、2006年)。
大前研一『日本の論点』(プレジデント社、2013)。
ライシャワー，エドウィン O.『ライシャワーと北海道』テレビ北海道開局記念特別番組、テレビ北海道制作(1989年10月1日)。
ライシャワー，エドウィン O.國弘正雄訳『ザ・ジャパニーズ』(文芸春秋、1979年)。
ライシャワー，エドウィン O.福島正光訳『ザ・ジャパニーズ・トゥデイ』(文芸春秋、1990年)。
シャラー・M.市川洋一訳『日米関係とは何だったのか　占領期から冷戦終結まで』(草思社、2004)。
碓氷尊監訳、熊谷聡・蟹江憲史訳『多国間交渉の理論と応用』(慶応義塾大学出版会、2000年)。
山谷賢量『ソ連大統領制導入』(北海道新聞、1990年3月14日)。
朝日新聞「ライシャワー氏、尊厳死だった刺傷事件の輸血が遠因」2006年9月2日。
北海道新聞「尊厳死法制化に賛否」2006年3月30日。
上毛新聞「尊厳死宣言」1990年10月15日。
毎日新聞「戦後の日米友好に尽力：ライシャワー元駐日大使死去：肝炎…尊厳死選ぶ」、1990年9月2日。

日本経済新聞「ライシャワー氏尊厳死：元駐日米大使　生命維持装置外す」1990年9月2日。

日本経済新聞「尊厳死　重い選択：日本、議論立ち遅れ」1990年9月3日。

読売新聞「イスラムと社会」2016年2月20日

Benedetti, De C.（1980年）*The Peace Reform in American History*, Bloomington, IN: Indiana University Press.

Boulding, Kennth E.（1962）*Conflict & Defense: A General Theory*, N.Y.: Harper & Row

Calder, Kent E.（2010）*An address on The Rolls of Globalized Communities in US-Japan-Asia Relations* at the 7th International Symposium of America-Japan Societies, Aug. 7, at AIU, Akita

Fisher, Roger & Ury, William（1981）*Getting to Yes*, Boston, MA: Houghton Miffin.

Fisher, Roger, Copelman, & Schneider（1994）*Beyond Machiavelli*, Cambridge, MA: Harvard University Press.

Fisher, Roger & Brown, Scott（1998）*Getting Together*, N.Y.: Penguin Books.

Fisher, Roger & Shapiro, Dannial（2005）*Beyond Reason Using Emotions as You Negotiate*, The Sakai Agency.

Fukushima, Glen S (2014) *Speech on AJS U.S.-Japan Relations As Seen From Washington, D.C.* at the 9th International Symposium of America-Japan Societies in Sapporo, Hokkaido, September 6, 2014.

Fukushima, Glen S (September, 2014) *Three Concerns About the Future of Japan*, FOBES JAPAN.

Gordon, Andrew (1993) *Postwar Japan As History*, Berkley & LA.: University of California Press.

Harvard Archives, HUG [FP] Box 1, 73.8. EOR correspondence (1933–67); Box 1 & 2, 73.65 (1955–81); Box 40, 73.10 (1966–69) & Box 41, 73.10 (1969–73).

Huntington, Samuel (1996) *The Clash of Civilization and The Remaking of World Order*, N.Y.: Simon & Schuster.

Irie, Akira (1992) *China and Japan in the Global Setting*, Cambridge, MA: Harvard University Press.

Irie, Akira & A, May Lecture (1992) on *International Relations of the United States*, Harvard University.

Jaszi, Oscar (Secretary's Office of Oberlin College, Form 330–6457).

Learner, Max (1967) *America As a Civilization Vol. 1* Simon & Schuster.

McLean, Paul. (1987) *Great American Presidents*, Tokyo: Yumi Press.

Morison, Samuel E. (1983) *A Concise History of the American Republic*, N.Y. and Oxford: Oxford University Press.

Mitarai, Shoji (1981) *Transcultural Education and Japanese-American Relations*, Ann Arbor, MI: U.M.I.

Mitroff, Ian I. & Gus Anagnos (1990) *Managing Crisis Before They Happen*, N.Y.: AMACOM A Division of the American Management Association, International.

Oberlin Remembers (1988), Oberlin College.

Observations in Observer (March 31, 1988, p. 6)

Pharr, Suzan J. & Schwartz, F. J. (2003) State of Civil Society in Japan, Cambridge University Press.

Pie, Lucian W. (1982) *Chinese Commercial Negotiation Style*, Cambridge, MA: Oelgeschalager, Gunn & Hain Pub.

Packard R. George (2010) *Edwin O. Reischauer and the American Discovery of Japan*, N.Y.: Columbia University Press.

Reischauer, Edwin O. (1987) *The Japanese Today*, Cambridge, MA: Harvard University Press.

Reischauer, Edwin O. (1976) *The Japanese*, Cambridge, MA:

Harvard University Press.
Reischauer, Edwin O. (1957) *Wanted: An Asian Policy*, N.Y.: Alfred A. Knop.
Reischauer, Edwin O. (1960) *The Broken Dialogue With Japan*, An American Quarterly Review.
Reischauer, Edwin O. (1967) *Beyond Vietnam*, The United States & Asia N.Y.: Vintage Books.
Reischauer, Edwin O. (1967) *Dialogue with Japan*, Tokyo: Hara Shobo.
Reischauer, Edwin O. (1968) *Transpacific Relations*, N.Y; Brookings Institution.
Reischauer, Edwin O. (1986) *My Life between Japan and America*, N.Y.: Harper & Row Pub.
Oberlin Remembers (1988) Oberlin College.
Reischauer, Edwin O. *Japan's Future in a Changing World* (1974) Tokyo: PHP Institute.
Reischauer, Edwin O. & Craig, Albert M. (1978) *Japan: Tradition and Transformation*, Boston, MA: Houghton Mifflin.
Reischauer, Edwion O, Fairbank, John & Craig, Albert M. (1978) *East Asia: Tradition and Transformation*, Boston, MA: Houghton Mifflin.

Reischauer, Edwin O. (1964) *Japan, Past and Present*, 3rd ed. Tokyo: Tuttle.

Reischauer, Edwin O. (1965) *The United States and Japan*, 3rd. ed. Harvard University Press & a short version published by the Eihosha, Tokyo: 1964.

Reischauer, Edwin O. (1967) *Dialogue with Japan*, Tokyo: Hara Shobo.

Reischauer, Edwin O. (1990) *Ennin's Travels in T'ang China*, Ann Arbor, MI: U.M.I.

Reischauer, Edwin O. (1964) *A New Look at Modern History*, Tokyo: Hara Shobo.

Reischauer, Edwin O. (1970) *The Story of a Nation*, N.Y.: Knopf. Pub.

Reischauer, Edwin O. (1973) *Toward the 21st Century: Education for a Changing Word*, N.Y.: Alfred A. Knopf.

Reischauer, Edwin O. (1990) *The Meaning of Internationalization*, Tokyo: Tutttle.

Steel, William M. (2000) *Asia in Transitic* Tokyo: ICU Asia Cultural Studies Special Issue No. 9, pp. 1–5.

Shulzinger, Robert D. (1984) *American Diplomacy in the 20th Century*, Oxford: Oxford University Press.

Solomon, Ricahrd H. (Edt.) (1981) *National Negotiating Style*, Washington D. C. Center for Foreign Affairs, US Department of State.

Susskind, Lawrence E. (1987) *Breaking the Impass*, N.Y.: Basic Books.

Susskind, Lawrence E, Dolin, E. J, & Breslin, J. W. (1992) *International Treaty Making*, Cambridge, MA: PON Books.

Susskind, Lawrence E. (1994) *Environmental Diplomacy*, Oxford: Oxford University Press.

TIME, January 12, 1962.

Toffler, Alvin & Heidi (Feb, 2002) *Religion must rid selves of fanaticism in their midst*, The Daily Yomiuri.

The Oberlin Review: Oct. 7, 1930 & Nov. 4, 1930. (Reischauer's first name is spelled Edward in the review, but it must have been a printed error. It should be Edwin.)

Uly, William (1991) *Getting Past No: Negotiating with Difficult People*, N.Y.: Raphael Sagalyn, Inc.

United States Information Agency (1983) An Outline of American History.

Vogel, Ezra F. (1980) *Japan as No.1*, Tokyo: Tuttle.

Vogel, Ezra F. (1989) *An Interview: Dr. Vogel, the Author of*

"Japan as No.1" Visits for a Talk, GLOBAL SAPPORO, Autumn, 12th Issue, Sapporo, Japan, pp. 11-13.

Wilkins, E. H. Message to Congress: *Papers of E. H. Wilkins*, O.C.A. bx. 98.

Wasilewski, Jacqueline. *Desicison-Making in Multicultural Context* Tokyo: A Research paper presented at Japan Institute of Negotiation Research Conference on May12, 2002.

Zartman, William I. (1987). *Getting to the Table*, Baltimore & London: The Johns Hopkins Press.

Zartman, William I. & Rubin, Jeffery W. Rubin, Editors (2000) *Power and Negotiation*, Ann Anabor, MI: University of Michigan Press.

Zartman, William I. Edit. (2000). *Preventive Negotiation*, N.Y.: Carnegie Cooporation of New York.

Pratt, Jurius W. (1981) *A History of United States Foreign Policy*, Englewood Cliffs, NJ: Prentice Hall.

なお、小稿『青年ライシャワーの平和教育』は1991年文部省研究プロジェクトの成果の一部である。ハーバード大学を拠点に、オバリン大学それにライシャワーが研究とフィールド・ワークを行ったオランダのライデン大学に行く機会にも恵まれた。インタビューを含むフィールド・ワーク研究調査の際には、故ライシャワー教授の青年時代から縁の深かった方々にもお世話になった。ハ

ーバード大学のアルバートM. クレイグ教授、岩崎はる子教授、オバリン大学図書館のロナルド・ボーマン氏、ドビンズ・ゲイ教授、エルスワース・カールソン教授、ドロシー・スミスさん、ミラー氏、ライデン大学名誉教授でライシャワーの旧友であったフリッツ・フォス氏、ウエィスマン氏、それに藤田忠日本交渉学会名誉会長等には、この場をかりて御礼申し上げたい。

〔編著者紹介〕

御手洗 昭治（みたらい・しょうじ）**編著者**

兵庫県生まれ。札幌大学英語学科・米国ポートランド州立大卒。1981年米国オレゴン州立大学院博士課程修了（Ph.D.）。ハーバード大学・文部省研究プロジェクト客員研究員。ハーバード・ロースクールにて交渉学上級講座・ミディエーション講座修了。札幌大学教授、北海道日米協会専務理事、日本交渉学会元会長。エドウイン・O.ライシャワー博士がハル夫人と来道の際、公式通訳として講演等で各地へ随行（1989年9月）。

主な近著『サムライ異文化交渉史（電子版）』単著（ゆまに書房、2007年）、『問題解決をはかるハーバード流交渉戦略』編著（東洋経済新報社、2013年）、『ケネディの言葉～名言に学ぶ指導者の条件～』御手洗昭治編著・小笠原はるの著（東洋経済新報社、2014年）その他。

小笠原 はるの（おがさわら・はるの）**著者**

東京都生まれ。米国バージニア大学大学院修士課程修了。米国ノースウエスタン大学大学院博士課程修了（Ph.D.）。国際日本文化研究センター研究部講師、札幌大学教授。専門はコミュニケーション学・翻訳学。『多文化交流時代への挑戦』御手洗昭治編著・小笠原はるの著・ファビオ・ランベッリ著（ゆまに書房、2011年）。「カナダにおける教育実践の考察——対話とナラティブに着目して」（札幌大学比較文化論叢2016年）。K. S. Sitaram, Michael Prosser, eds. "Crisis in Communication: A Study of the Creation of Discourse for the Third Millennium" Ablex Pub. 2005年（共著）

ライシャワーの名言（めいげん）に学（まな）ぶ異文化理解（いぶんかりかい）

*

2016年5月18日　印　刷
2016年5月25日　初版発行

*

編著者　御手洗　昭治
著　者　小笠原はるの

*

発行者　荒 井　秀 夫

発行所　株式会社ゆまに書房
〒101-0047　東京都千代田区内神田2-7-6
tel. 03-5296-0491　fax. 03-5296-0493
http://www.yumani.co.jp

*

印刷・製本　新灯印刷株式会社

*

ISBN978-4-8433-4986-1 C3080 Y1800E